Charles De Koninck

Über den Primat des Gemeinwohls

Gegen die Personalisten und das Prinzip der neuen Ordnung

EDITIONES SCHOLASTICAE

Charles De Koninck

Über den Primat des Gemeinwohls

Gegen die Personalisten und das Prinzip der neuen Ordnung

Aus dem Englischen übersetzt
von Rafael Hüntelmann

EDITIONES SCHOLASTICAE

Bibliographic information published by Deutsche Nationalbibliothek
The Deutsche Nationalbibliothek lists this publication in the Deutsche Nationalbibliographie; detailed bibliographic data is available in the Internet at http://dnb.ddb.de

Our books are distributed worldwide by

EUROSPAN

USA & Canada
Eurospan
c/o Casemate Publishers
1950 Lawrence Road
Havertown, PA 19083
Tel: (610) 853-9131
Fax: (610) 853-9146
casemate@casematepublishers.com

U.K., Europe, Asia and Africa
Eurospan
Gray's Inn House
127 Clerkenwell Road
London EC1R 5DB
info@eurospan.co.uk

53819 Neunkirchen-Seelscheid
www.editiones-scholasticae.de

ISBN 978-3-86838-252-5

2021

Printed on acid-free paper

Printed in Germany

Inhalt

Vorwort zur Originalausgabe von 1943

Das hier vorgestellte Werk ist kein gewöhnliches Buch. Es ist reine Weisheit. Aber man hat nicht mehr die Gewohnheit, die praktische Welt im Lichte ihrer tiefsten Prinzipien zu betrachten; außer vielleicht für jene verkehrten Denker, die die Ordnung des Denkens aufrütteln, um danach besser die wirkliche Ordnung, die politische und moralische Ordnung, zu stören und mit einer unschuldigen Luft die radikalsten Revolutionen zu organisieren, jene, die damit enden, dass sie insgesamt die blutigsten und zynischsten sind. Gleichzeitig heben gute Seelen ihre Hände mit Schrecken und Skandal; aber nach und nach kommen sie dazu, wie die Revolutionäre zu denken, ohne die unter scheinbar akzeptablen Formeln versteckten Äquivokationen zu bemerken und ohne zu bemerken, dass ein solches Zugeständnis eine Art ist, tatsächlich mit dem Blutvergießen zusammenzuarbeiten.

Der Autor sieht zweifellos besser als die meisten die schrecklichen Gefahren und die sozialen Störungen, die vom Nazismus und Kommunismus getragen werden. Er sieht sie besser, weil er ihre falsche Weisheit durchdringt, die Prinzipien, die unter den Vorstößen und Rückzügen dieser Organisationen der Unordnung in latenter Aktivität bleiben. Er sieht diese Prinzipien in ihrer ganzen Perfidie, in ihrer verkehrten Wahrheit, einer Wahrheit, die durch den Keim des Stolzes vergiftet ist, der dann Begriffe der Wahrheit benutzt, um sie zum Träger des Irrtums zu machen, und Worte der Tugend, um Sünde und Böses zu verdecken. Und was ihn entsetzt, was seine Seele ergreift, ist, dass die Guten, manchmal auch die Besten unter uns, sich, vielleicht zunächst erschrocken über die Umwälzungen, die sich vor ihren Augen entfalten, daran gewöhnen, das Wesen dessen, was sie miterleben, falsch zu begreifen, indem sie ihren Verstand an den schädlichsten Formeln berauschen lassen. Mit einem Wort, die Ursache des Schreckens ist, dass die Welt sich daran gewöhnt, wie ein Kommunist zu denken, wie ein Marxist, ein radikaler Negator, zuerst unbewusst, verwirrt und dann zynisch und enthusiastisch, der alles negiert, was wahr ist, weil es wirklich ist, gerecht, weil es geordnet ist, alles, was den Menschen vervollkommnet, weil es Gott untergeordnet ist und durch die Ordnung zum wahren souveränen Zweck korrigiert wird.

In früheren Studien hat der Autor bereits die historischen Ursprünge und die Entwicklung dieser wesentlich abweichenden und zersetzenden Philosophie aufgezeigt. Man muss zurückgehen auf den Averoismus, der die Emanzipation von der natürlichen Ordnung anstrebt, auf den Voluntarismus, der zur Emanzipation des Begehrens tendiert, auf den Nominalismus, der zur Emanzipation des menschlichen Diskurses führt, auf den Moralismus des guten Willens, der die Emanzipation des Gefühls anstrebt, auf den methodischen und vorgeblichen Skeptizismus, der die Emanzipation des rein menschlichen Denkens anstrebt, zum kantischen Subjektivismus, der die Emanzipation der Vernunft gegen den Verstand und der Rechte gegen das Gemeinwohl anstrebt, und der seine Avatare in der emanzipierten Dialektik Hegels fortgesetzt hat, sich im Marxismus gegen alle Natur wendet, im Bolschewismus und Nazismus seine Zerstörungskraft erlangt. Und wenn der Autor sieht, wie nach und nach auch auf Seiten der Traditionellen das revolutionäre Denken mehr oder weniger bewusste Anhänger gewinnt, ist er zugleich entsetzt und entflammt von Eifer für die Wahrheit.

Derzeit ist es der Personalismus, der in Mode gekommen ist. Sehr aufrichtige Köpfe befürworten ihn. Die Würde der menschlichen Person wird gepriesen, die Achtung vor der menschlichen Person wird gewünscht, Autoren schreiben, um eine personalistische Ordnung zu verteidigen, und man arbeitet daran, eine Zivilisation zu schaffen, die für den Menschen ist. Das ist alles schön und gut, aber zu einfach, denn die Person, der Mensch, ist nicht auf sich selbst als sein Ziel bestellt, noch ist er das Ziel von allem. Der Mensch hat Gott als seinen Zweck, und die Sprache anderer entlehnen zu wollen, auch wenn man sie durch den Charme der besten Adjektive zu korrigieren scheint (sind sie nicht sogar so weit gegangen, vom "dialektischen Materialismus des Aristoteles und des Heiligen Thomas" zu sprechen, um ihre Naturlehre zu bezeichnen?), auch wenn man die stillschweigenden Annahmen, die die Orthodoxie verlangt, nicht ausschließt, so impliziert man doch den Gedanken der anderen, einen Gedanken, der naturalistisch und atheistisch ist, wenn auch nur durch seine Gleichgültigkeit, radikal humanistisch, und man fördert den Umsturz der Zivilisation, weil man die Sprache und mit ihr die Philosophie und Theologie umstürzt. Das ist es, wogegen sich der Autor auflehnt. Er irrt sich nicht. Denn jetzt ist die Zeit, mehr denn je, warnend aufzuschreien. Jetzt ist die Zeit zu hoffen, dass sich die Gesellschaften nicht um den einzelnen Menschen herum reorganisieren, sondern um das Gemeinwohl, in seinen verschiedenen Graden, das heißt um das souveräne Ziel, das heißt um Gott.

Der Autor greift offen die Personalisten an, aber um wirklich die Würde der menschlichen Person zu verteidigen. Seine Studie beharrt ohne Schmeichelei auf der Größe der Person. Er wendet sich gegen jede Lehre, die unter dem Vorwand der Verherrlichung die menschliche Person verkleinert und verkümmern lässt und sie ihrer göttlichsten Güter beraubt.

* * *

Unter den christlichen Denkern herrscht heute Einigkeit über die sozialen Tatsachen der heutigen Zeit, aber gleichzeitig erkennt man unter ihnen zwei deutlich gegensätzliche Tendenzen, wenn es darum geht, diese Tatsachen zu interpretieren.

Jeder scheint zu erkennen, dass die politische Gesellschaft immer mehr in ihren Pflichten versagt, dass sie sich auflöst und ihrer wesentlichsten Aufgaben unwürdig wird; sie kümmert sich nicht mehr um Gott, um die Seele, um nicht-zeitliche Güter; sie ertrinkt und verzehrt sich in rein wirtschaftlichen Sorgen und in körperlichem Wohlbefinden. Das ist es, was in der Tat die Verantwortung der Familie schwerer werden lässt, denn unter dem Zwang der Verhältnisse muss die Familie immer mehr von den Gütern liefern, die sie selbst von der öffentlichen Gesellschaft erwarten sollte. Aber - ach! - dieselben Autoren sehen darüber hinaus eine ständig wachsende Auflösung der Familie; der einzelne Mensch wird immer mehr von der Wohnung isoliert und sich selbst überlassen, wie die Familie von der Gesellschaft. Was ist zu tun?

Wenn es darum geht, diese Tatsachen zu interpretieren, um die Missstände zu korrigieren, sehen einige, die von der Idee des Fortschritts durchdrungen sind, in dieser zunehmenden Auflösung eine erneute Betonung der wahren Hierarchie; in dem völligen Versagen der bürgerlichen Gesellschaft finden sie ein Gut, das sie dazu neigt, dieses Versagen zu rechtfertigen, nämlich die Gelegenheit für die einzelne Person, die sie als den Begriff aller menschlichen Ordnung auffassen, wieder auf ihren Sockel zu steigen, um glänzender hervorzustrahlen, wobei sie vergessen, dass die Person von Natur aus ein Teil der größeren Ordnung ist, dass man die Vollkommenheit nicht voll und tief erlangt, außer durch die verschiedenen Gemeingüter, zu denen man in der Tat wie zu den höchsten Gütern geordnet ist, die ganz oben, als Anfang und Ende, das souveräne Gemeingut haben, das Gott selbst ist. Sie machen in der Tat ein wesentliches Zugeständnis an den Marxismus. Sie pervertieren die Regel des christlichen Optimismus, dass *Gott das Böse nur zulässt, wenn er ein größeres Gut daraus hervorbringen kann*, indem sie den evolutionären Fortschritt mit der Vollkommenheit verwechseln, die notwendigerweise auf der Ordnung beruht und auf dem Wesentlichen und Unveränderlichen ruht.

Andere hingegen, und unser Autor gehört entschieden zu ihnen, sehen in dieser gesellschaftlichen und familiären Auflösung, die von der maßgeblichen Stimme, nämlich der der Kirche, vorhergesagt und beklagt wird, eine reine und einfache Zunahme des menschlichen Elends, eine allmähliche Verarmung. Und sie sehen, dass dieser Zusammenbruch die natürliche Folge der Ausbeutung der bürgerlichen Gesellschaft und der Familie für den Profit einer einzelnen Person ist.

Es ist wahr, dass die Rolle der Familie zunehmen muss - das sollte sie immer -, aber sie muss es jetzt umso mehr tun, weil die Existenz der Familie selbst bedroht ist. Es ist wahr, dass es jetzt wichtiger denn je geworden ist, auf der Würde der einzelnen Person zu bestehen, sie laut auszusprechen, gegenüber den öffentlichen Mächten und gegenüber einzelnen Personen. Die Person muss gerettet werden, trotz der Korruption des familiären Umfelds und des sozialen Umfelds. Aber das bedeutet keineswegs, dass die Verderbnis des Umfelds gut ist, eine Gelegenheit für die Person, reichere Qualitäten zu zeigen. Sie haben ein Auge verloren. Das verbleibende erfordert nun mehr Sorgfalt und besondere Umsicht. Das ist klar. Aber soll sich der Halbblinde damit trösten, dass es besser ist, ein Auge zu haben als zwei, wegen des Wertes, den das verbleibende erhält? Sollen wir wegen praktischer Hilfsmittel zur Überwindung des Unglücks theoretisch auf die Dinge verzichten, die an sich besser sind? Muss denn die spekulative Ordnung der praktischen unterworfen werden? Müssen wir die Würde der Person verfälschen und den Personalismus predigen, weil die korrupte Gesellschaft ihre Rolle gegenüber dem Gemeinwohl nicht mehr erfüllt, und weil die Person dadurch jener Stützen beraubt wird, die für sie selbstverständlich wären, wenn die Familie und die Gesellschaft auf dem Begriff des Gemeinwohls zentriert blieben?

Das ist die These dieser Arbeit: der Vorrang des Gemeinwohls, in der Gesellschaft, in der Familie, für die Seele selbst, vorausgesetzt, dass der Begriff des Gemeinwohls gut verstanden wird, *als das höchste Gut des Singulars, nicht dadurch, dass es eine Ansammlung von singulären Gütern ist, sondern das beste für jedes der besonderen Individuen, die daran teilnehmen, gerade weil es gemeinsam ist. Diejenigen, die den Vorrang des singulären Gutes der singulären Person verteidigen, gehen von einer falschen Vorstellung des gemeinsamen Gutes aus, als ob es dem Gut des Singulären fremd wäre; während es natürlich und richtig ist, dass der Singuläre mehr das Wohl der Gattung als sein singuläres Gut sucht. Da die Person, eine intellektuelle Substanz, ein Teil des Universums ist, in dem die Vollkommenheit des ganzen Universums gemäß der Erkenntnis existieren kann, wird ihr angemessenstes Gut als intellektuelle Substanz das Gut des Universums sein, das ein wesentlich allgemeines Gut ist. Rationale Geschöpfe, Personen, unterscheiden sich von irrationalen dadurch, dass sie mehr auf das Gemeinwohl ausgerichtet sind und ausdrücklich um dessentwillen handeln können. Es ist auch wahr, dass eine Person perverserweise ihr eigenes singuläres Gut dem Gemeinwohl vorziehen kann, indem sie an der Singularität ihrer Person oder, wie wir heute sagen, an ihrer Persönlichkeit festhält, die als gemeinsamer Maßstab für alles Gute aufgestellt wird. Wenn sich das vernünftige Geschöpf darüber hinaus nicht ganz auf ein untergeordnetes Gemeinwohl, wie die Familie oder die politische Gesellschaft, beschränken kann, so liegt das nicht daran, dass sein Partikulargut als solches größer ist; es liegt an seiner eigenen Ordination zu einem übergeordneten Gemeinwohl, auf das er prinzipiell hingeordnet ist.* In diesem Fall *wird das Gemeinwohl nicht dem Wohl des Individuums als Individuum geopfert, sondern dem Wohl des Individuums insofern, als letzteres auf ein allgemeineres Gemeinwohl,* ja auf Gott, *hingeordnet ist. Eine Gesellschaft, die aus Personen besteht, die ihr Privatgut über das Gemeinwohl lieben, oder die das Gemeinwohl mit einem Privatgut identifizieren, ist keine Gesellschaft freier Menschen, sondern von Tyrannen, die sich gegenseitig mit Gewalt bedrohen, und in der das letzte Oberhaupt nur der Klügste und Stärkste unter den Tyrannen ist, während die Untertanen nichts als frustrierte Tyrannen sind.*

Das ist die Substanz des Buches. Es etabliert seine Position durch den Hammer der Vernunft, schlägt fest auf den Amboss der grundlegenden und offensichtlichen Begriffe, das Eisen heiß mit der Wahrheit, so dass auch die Inkonsistenz und Absurdität der Mehrdeutigkeit und Irrtum klar.

Die Auflösung menschlicher Gesellschaften wäre kein so großes Übel, wenn es nicht die Korruption des größten menschlichen Gutes, des Gemeinwohls, wäre und wenn das nicht gleichzeitig zur Trübung des Begriffs des Gemeinwohls selbst führen würde. Man kann nicht mit Personalismus eine bessere Gesellschaft aufbauen, wenn man das eigentliche Prinzip aller Gesellschaft zerstört, das allererste Prinzip, das das Gemeinwohl ist.

Nicht in einer *personalistischen Auffassung der Ehe*, auch nicht in einem sogenannten *christlichen und sozialistischen Personalismus*, die beide aus theoretischen und ethischen Zugeständnissen an den Irrtum resultieren, wird man daher die Lösung der Probleme finden können, die

Abweichungen von der Wahrheit immer tragischer produzieren. Es ist immer die Wahrheit, die uns erlösen muss. Aber diese Vorstellungen zielen nur darauf ab, die gefährliche Einsamkeit, in die der Mensch versetzt wird, sobald er unter dem Vorwand, seine Würde zu erhöhen, vom Gemeinwohl losgelöst und isoliert wird, bis zur Verzweiflung zu treiben.

* * *

Einige haben es gewagt, in dem Beharren der Enzykliken auf der Würde der Person eine späte Anerkennung der Lehre von der persönlichen Emanzipation zu sehen. Sie gehen sogar so weit zu sagen, dass der Kommunismus ein heilsames Mittel sein wird, um die neue Konzeption der Gesellschaft in die Praxis umzusetzen; einige denken, dass die Gefahr solcher bösen Doktrinen übertrieben ist, dass es in der Logik der Dinge liegt, dass die menschliche Natur immer den Sieg davonträgt.

Und so sollen nun die offensichtlichsten Wahrheiten und die festesten Prinzipien einer historischen Dialektik unterworfen werden. Die Irrtümer, die die Päpste nicht aufgehört haben zu verurteilen, sollen jetzt, nach reiflicher Überlegung und dank neuer Perspektiven, die durch den Vorteil neuer Erfahrung geliefert werden, zu sehr gerechten Behauptungen geworden sein. Gewisse Katholiken behaupten sogar, indem sie vergessen, dass Papst Pius XI. den Kommunismus als eine falsche Erlösung und als in sich pervers anprangerte (in der *Enzyklika Divini Redemptoris*), dass die Kirche nicht die Zugeständnisse gemacht hat, die sie machen müsste und die so viele großzügige Seelen retten könnten, die durch ihre Zurückweisungen geärgert wurden. Undankbarkeit und Gotteslästerung. Sie finden, dass unsere Mutter, die heilige Kirche, gerade dort schuldig ist, wo sie sich als heldenhaft erweist. Denn die Kirche verteidigt die Person gerade gegen die Folgen von Lehren, die nach einer falschen Auffassung des Staates, nach der ausschließlichen Beschäftigung der Staaten mit dem rein persönlichen Wohl, nach der Gleichgültigkeit der Menschen gegenüber dem Gemeinwohl dem Staat eine wachsende und blinde Macht zur Vernichtung gegeben haben.

Es wird nur eine noch größere Manifestation der göttlichen Barmherzigkeit geben, die den Menschen aus der Einsamkeit retten kann, in die ihn die Menschen versetzt haben. Karl Marx beobachtete, dass die Entbehrung in der Welt zunimmt, aber diese Entbehrung ist seiner Meinung nach nur eine Gelegenheit für den Menschen, seine eigene Macht zu zeigen; er forderte den Menschen rein als Menschen auf, diese Entbehrung zu korrigieren; keineswegs den Menschen als auf das Gemeinwohl, auf Gott bestellt.

Wir halten angesichts der größten Bedrohung immer noch an der Wahrheit fest, dass der Mensch sich auf die Familie und die Gesellschaft stützen muss, und dass die ganze geschaffene Ordnung sich auf Gott stützen muss. Wir rufen angesichts des Skandals der Welt, die die Hungernden und die nach Gerechtigkeit Suchenden verachtet, zu Gott, zu seiner verborgenen Barmherzigkeit. Und angesichts einer Welt, die schlecht denkt, um den bösen Realitäten Rechnung zu tragen, die das Gute im Bösen finden will, haben wir keine einfachen Lösungen, keine andere, als die Tatsachen nach den Prinzipien alles Guten zu korrigieren.

Das Böse könnte nicht existieren, wenn Gott nicht das Gute daraus ziehen könnte; das Böse könnte nicht so groß sein, wenn Gott nicht ein größeres Gutes daraus ziehen könnte. Aber wehe denen, die durch Lehre oder Handlung die Menschen in jene äußerste Nachgiebigkeit treiben, in jene höllische Einsamkeit, in der der Mensch selbst zugrunde gehen würde, wenn nicht die reine Freigebigkeit Gottes ihn rettet. Wehe denen, die das Böse fördern *ut eveniat bonum.*

Wenn der *Versucher* sich an die Menschen wendet, weiß er, dass er zu ihnen von der Göttlichkeit sprechen muss; *ihr werdet wie Götter sein.* Seitdem wurde jeder Angriff gegen Religion und Wahrheit, gegen die Rechte Gottes und die wahre Würde des Menschen in analogen Begriffen vorgetragen. Selbst Karl Marx konnte sich nur Gehör verschaffen, indem er verkündete, dass "das menschliche Bewusstsein die höchste Göttlichkeit ist." Aber so wie die göttliche Barmherzigkeit im Laufe der Zeit zunimmt, so wird auch die Schlauheit des Teufels immer schärfer. Hören Sie aufmerksam auf die Warnung des Apostels: *Ich fürchte, dass, wie Eva durch die Klugheit der Schlange verführt wurde, auch eure Gedanken verdorben werden und ihre Einfalt in Bezug auf Christus verlieren.* (II. Kor. XI, 3)

In circuitu impii ambulant, nach dem *Buch der Psalmen* (XI, 9). Die Bösen gehen ohne Unterlass im Kreis herum. Und sie kommen immer wieder zum Angriff zurück. Wenn sie aus einer Tür hinausgejagt wurden, versuchen sie, durch eine andere einzutreten, vor allem durch eine, wo man sie nicht erwartet.

Wir müssen mit einer verschleierten Rückkehr der übelsten Lehren der Vergangenheit rechnen. Es gibt vielleicht keine Lehre, die mehr Wiedergeburten erlebt hat als das vielköpfige Ungeheuer, der Pelagianismus. Das ist noch ein Grund mehr für die Christen, die Notwendigkeit der Gnade zur Errettung des Menschen von der Sünde und zur Heilung seiner Wunden zu verkünden, zu verkünden, dass der Mensch nichts anderes ist als durch die Nachahmung Gottes, durch die Teilhabe am ungeschaffenen Sein, durch die Einordnung in das göttliche Gemeinwohl, durch die übernatürliche Berufung zur Teilhabe am Leben und Glanz des Herrn.

Mögen die Söhne des heiligen Thomas, die sich unmittelbar bemühen, wenn der Schatten dieser Gefahr auftaucht, von Gott erhalten, dass sie niemals in ihrer Wachsamkeit nachlassen.

Das ist die berechtigte Warnung des Autors von *The Primacy of the Common Good Against the Personalists.*

Einige würden unter dem Vorwand der Klugheit bestreiten, dass es eine unerbittliche Aufregung über die unüberbrückbaren Lehrunterschiede geben sollte, die Gegenstand dieser Studie sind. Ihnen rufen wir diese Worte des Apostels in Erinnerung, die man im Messbrief für einen Arzt findet: *Vor Gott und vor Christus Jesus lege ich euch diese Pflicht auf, im Namen seiner Erscheinung und seines Reiches: Verkündet die Botschaft und beharrt, ob willkommen oder unwillkommen, auf ihr. Widerlegt die Unwahrheit, korrigiert den Irrtum, ruft zum Gehorsam auf - aber tut alles mit Geduld und mit der Absicht zu lehren. Es wird sicher die Zeit kommen, in der die Menschen, weit davon entfernt, sich mit gesunder Lehre zu begnügen, nach der letzten Neuheit gieren und sich eine ganze Reihe von Lehrern nach ihrem eigenen Geschmack zusammensuchen werden; und dann werden sie sich, anstatt auf die Wahrheit zu hören, den Mythen zuwenden (II. Timotheus IV,1-4).*

J.M. Kardinal Villeneuve, O.M.I.,
Erzbischof von Quebec.
Kardinalpalast,
25. März 1943.

VORWORT

Die menschliche Gesellschaft ist für den Menschen gemacht. Jede politische Doktrin, die die rationale Natur des Menschen ignoriert und die folglich die Freiheit und die Würde des Menschen leugnet, ist an der Wurzel verkehrt und unterwirft den Menschen unmenschlichen Bedingungen. Nicht umsonst werden daher totalitäre Lehren im Namen der Menschenwürde abgelehnt.

Heißt das, dass wir all jenen zustimmen müssen, die sich auf die Würde des Menschen berufen? Man darf nicht vergessen, dass die Philosophen, die für den modernen Totalitarismus verantwortlich sind, die Würde der menschlichen Person nicht geleugnet haben; im Gegenteil, sie haben diese Würde mehr als je zuvor verherrlicht. Daher ist es offensichtlich notwendig zu bestimmen, worin die Würde des Menschen besteht.

Die Marxisten treiben die Würde des Menschen bis hin zur Leugnung Gottes. "Die Philosophie macht keinen Hehl daraus", sagt Marx. "Das Bekenntnis des Prometheus: 'Mit einem Wort, ich hasse alle Götter ... ' ist das Bekenntnis der Philosophie selbst, die Rede, die sie gegen jeden Gott des Himmels und der Erde hält und immer halten wird, der das menschliche Bewusstsein nicht als die höchste Gottheit anerkennt. Diese Gottheit duldet keinen Rivalen."[1]

Vergessen wir nicht, dass die Sünde dessen, der sündigt, von Anfang an in der Überhöhung seiner persönlichen Würde und des Eigengutes seiner Natur bestand; er zog sein Eigengut dem Gemeinwohl vor, einer Seligkeit, die teilhat und vielen gemeinsam ist; er lehnte dieses letztere ab, weil es teilhat und gemeinsam ist. Obwohl er seine natürliche Glückseligkeit und die Vortrefflichkeit seiner Person durch keine besondere Gunst, sondern durch ein in seiner Schöpfung selbst begründetes Recht besaß - Gott verdankte er seine Schöpfung, aber alles andere gehörte ihm rechtmäßig -, fühlte er sich durch diese Aufforderung zur Teilnahme in seiner eigenen Würde verletzt. "Indem sie (die gefallenen Engel) an ihrer eigenen Würde festhielten, begehrten sie ihre 'Einzigartigkeit', die vor allem denen zusteht, die stolz sind. "[2]

Die Würde der geschaffenen Person ist nicht ohne Bindungen, und der Zweck unserer Freiheit ist nicht, diese Bindungen zu überwinden, sondern uns zu befreien, indem wir sie stärken. Diese Bindungen sind die Hauptursache für unsere Würde. Die Freiheit selbst ist keine Garantie für die Würde[3]

Man kann die persönliche Würde bejahen und sich gleichzeitig in sehr schlechter Gesellschaft befinden. Reicht es dann aus, den Vorrang des Gemeinwohls zu bejahen? Auch das wird nicht ausreichen. Totalitäre Regime erkennen das Gemeinwohl als Vorwand, um Personen auf die schändlichste Weise zu unterjochen. Verglichen mit der Sklaverei, mit der sie uns bedrohen, ist die Sklaverei der Tiere Freiheit. Sollen wir so lasch sein, dem Totalitarismus diese Perversion des Gemeinwohls und seines Primats zu erlauben?

Könnte nicht zwischen der Überhöhung des ganz persönlichen Gutes über jedes wirklich gemeinsame Gut einerseits und der Verneinung der Würde der Personen andererseits ein sehr logischer Zusammenhang bestehen, den man im Laufe der Geschichte wirken sehen könnte? Die Sünde der Engel war praktisch ein personalistischer Irrtum: Sie zogen die Würde ihrer eigenen Person der Würde vor, die sie durch ihre Unterordnung unter ein Gut erhalten würden, das zwar übergeordnet, aber in seiner Überlegenheit gemeinsam war. Die pelagianische Häresie kann nach Johannes von St. Thomas als etwas Ähnliches wie die Sünde der Engel betrachtet werden. Sie ist ihr nur einigermaßen ähnlich, denn während die Engel eine rein praktische Sünde begingen, war der Irrtum der Pelagianer zugleich spekulativ.[4] Wir glauben, dass der moderne Personalismus nur ein Spiegelbild der pelagianischen Häresie ist, spekulativ noch schwächer. Er erhebt einen Irrtum, der am Anfang nur praktisch war, auf die Ebene einer spekulativen Lehre. Die Versklavung der Person im Namen des Gemeinwohls ist wie eine teuflische Rache, bemerkenswert und grausam zugleich, ein listiger Angriff gegen die Gemeinschaft des Guten, dem sich der Teufel nicht unterwerfen wollte. Die Verleugnung der höheren Würde, die der Mensch durch die Unterordnung seines rein persönlichen Wohls unter das Gemeinwohl erhält, würde die Verleugnung der gesamten menschlichen Würde gewährleisten.

Wir wollen nicht behaupten, dass der Irrtum derjenigen, die sich heute Personalisten nennen, etwas anderes als spekulativ ist. Darüber soll es keine Zweideutigkeit geben. Zweifellos könnte unser Beharren jene Personalisten verletzen, die sich mit dem, was sie vertreten, identifiziert haben. Das ist ihre eigene, ganz persönliche Verantwortung. Aber wir haben auch unsere Verantwortung - und wir halten diese Doktrin für äußerst schädlich.

... Obwohl der (gefallene) Engel durch diesen Verzicht auf höhere Güter wirklich erniedrigt wurde, obwohl er, wie der hl. Augustinus sagt, auf die Stufe seines eigentlichen Gutes gefallen war, erhob er sich dennoch in seinen eigenen Augen, und er zwang sich, durch mächtige Argumente (magna negotiatione) den anderen vollständig zu beweisen, dass er damit nur eine größere Ähnlichkeit mit Gott anstrebte, weil er so mit weniger Abhängigkeit von Seiner Gnade und Seinen Gunstbezeugungen und auf persönlichere Weise (magis singulariter) vorging, und auch, indem er nicht mit Untergebenen kommunizierte.

Johannes von St. Thomas, Über das Böse der Engel
Niemals werde ich mein elendes Los eintauschen, um dir zu dienen, sei gewiss. Ich würde lieber an diesen Felsen gebunden sein, als der treue Diener, der Bote von Vater Zeus zu sein.
Prometheus, zitiert von Karl Marx.

I
ÜBER DEN VORRANG DES GEMEINWOHLS GEGEN DIE PERSONALISTEN

Das Gemeinwohl und gegen sein Primat
Das Gute ist das, was alle Dinge insofern begehren, als sie ihre Vollkommenheit begehren. Daher hat das Gute den Begriff einer letzten Ursache. Daher ist es die erste der Ursachen, und folglich diffus von sich selbst. Aber "je höher eine Ursache ist, desto zahlreicher sind die Wesen, auf die sie ihre Kausalität ausdehnt. Daraus folgt, dass das Gute, das den Begriff einer letzten Ursache hat, um so wirksamer ist, je zahlreicher es sich den Wesen mitteilt. Und wenn also dasselbe ein Gut für jeden Einzelnen einer Stadt und für die Stadt selbst ist, so ist es klar, dass es viel größer und vollkommener ist, das, was das Gut der ganzen Stadt ist, im Herzen zu haben - das heißt, es zu sichern und zu verteidigen - als das, was das Gut eines einzelnen Menschen ist. Gewiß, die Liebe, die zwischen den Menschen bestehen soll, hat zum Ziel, das Wohl auch des Einzelnen zu erhalten. Aber es ist viel besser und göttlicher, diese Liebe gegenüber dem ganzen Volk und gegenüber den Städten zu zeigen. Oder, wenn es sicherlich manchmal wünschenswert ist, diese Liebe zu einer einzelnen Stadt zu zeigen, ist es viel göttlicher, sie für die ganze Nation zu zeigen, die mehrere Städte enthält. Wir sagen, dass es 'göttlicher' ist, weil es mehr wie Gott ist, der die letzte Ursache aller Güter ist. "[6]

Das Gemeinwohl unterscheidet sich von dem singulären Gut durch eben diese Universalität. Es hat den Charakter der Überfülle und es ist eminent diffus von sich selbst, insofern es kommunizierbarer ist: es erreicht das Singuläre mehr als das singuläre Gut: es ist das größere Gut des Singulären.

Das Gemeinwohl ist nicht deshalb größer, weil es das singuläre Gut aller Singulären einschließt; dann hätte es nicht die Einheit des Gemeinwohls, die aus einer gewissen Art von Universalität in letzterem hervorgeht, sondern es wäre nur eine Sammlung und nur materiell besser als das singuläre Gut. Das allgemeine Gut ist für jedes der an ihm teilnehmenden Partikularen besser, insofern es den anderen Partikularen mitteilbar ist; die Mitteilbarkeit ist der eigentliche Grund für seine Vollkommenheit. Das Partikulare erreicht das Gemeinwohl, das gerade als Gemeinwohl betrachtet wird, nur insofern, als es es als etwas Mitteilbares für andere erreicht. Das Gut der Familie ist nicht deshalb besser als das singuläre Gut, weil alle Mitglieder der Familie darin ihr singuläres Gut finden; es ist besser, weil es für jedes der einzelnen Mitglieder auch das Gut der anderen ist. Das bedeutet nicht, dass die anderen der Grund für die Liebe sind, die das gemeinsame Gut selbst verdient; im Gegenteil, in dieser formalen Beziehung sind es die anderen, die insofern liebenswert sind, als sie an diesem gemeinsamen Gut teilhaben können.

Das Gemeinwohl ist also kein anderes Gut als das Gut der Einzelnen, ein Gut, das nur das Gut der Gesamtheit ist, betrachtet als eine Art Singular. In diesem Fall wäre es nur zufällig gemeinschaftlich; richtig gesprochen wäre es singulär, oder wenn man will, würde es sich vom Singulären dadurch unterscheiden, dass es *nullius* ist. Wenn wir aber das gemeinsame Gut vom besonderen Gut unterscheiden, so meinen wir damit nicht, dass es nicht das Gut der Einzelnen sei; wäre es das nicht, so wäre es nicht wirklich gemeinsam.

Das Gute ist das, was alle Dinge insofern begehren, als sie ihre Vollkommenheit begehren. Diese Vollkommenheit ist für jedes Ding sein Gut - bonum *suum - und* in diesem Sinne ist sein Gut ein Eigengut. Damit aber ist das Eigengut dem Gemeingut nicht entgegengesetzt. Denn das Eigengut, zu dem ein Wesen neigt, das "*bonum suum*", kann in der Tat auf verschiedene Weise verstanden werden, je nach den verschiedenen Gütern, in denen es seine Vollkommenheit findet.[7] Zunächst kann es als das Eigengut eines Einzelnen verstanden werden, der als Individuum betrachtet wird. Es ist dieses Gut, das die Tiere verfolgen, wenn sie Nahrung zur Erhaltung ihres Seins begehren. Zweitens kann es verstanden werden als das Gut eines Einzelnen aufgrund der Art des Einzelnen. Dies ist das Gut, das ein Tier bei der Erzeugung, der Ernährung und der Verteidigung der Individuen seiner Art begehrt. Das singuläre Tier "natürlich", d.h. kraft der Neigung, die von Natur aus in ihm ist (*ratio indita rebus ab arte divina*), zieht das Gut seiner Spezies seinem singulären Gut vor. "Jeder Singular liebt von Natur aus das Gut seiner Spezies mehr als sein singuläres Gut."[8] Denn das Gut der Spezies ist für den Singular ein größeres Gut als sein singuläres Gut. Es handelt sich also nicht um eine den Individuen vorgesetzte Spezies, die ihr Gut gegen das natürliche Begehren des Individuums begehrt; es ist das Singuläre selbst, das von Natur aus das Gut der Spezies mehr begehrt als sein Einzelgut. Dieses

Verlangen nach dem Gemeinwohl liegt in der Einzahl selbst. Daher hat das Gemeinwohl nicht den Charakter eines fremden Gutes - bonum *alienum -, wie* im Falle des Gutes eines anderen, das als solches betrachtet wird.[9] Ist es nicht dies, was in der sozialen Ordnung unsere Position zutiefst vom Kollektivismus unterscheidet, der letztere durch Abstraktion irrt, indem er eine Entfremdung vom Eigengut als solchem und folglich vom Gemeinwohl fordert, da letzteres das größte der Eigengüter ist? Diejenigen, die den Vorrang des singulären Gutes der singulären Person verteidigen, setzen selbst diesen falschen Begriff des Gemeinwohls voraus. An dritter Stelle kann man unter dem Gut eines Einzelnen dasjenige Gut verstehen, das ihm seiner Gattungnach zukommt. Das ist das Gut der zweigliedrigen Agenzien und der intellektuellen Substanzen, deren Tätigkeit aus sich selbst heraus nicht nur das Gut der Gattung, sondern auch ein höheres Gut erreichen kann, eines, das vielen Gattungen mitteilbar ist. Viertens kann man unter dem Gut eines Partikularen dasjenige Gut verstehen, das zu ihm gehört, und zwar aufgrund der Ähnlichkeit der Analogie, die "prinzipielle Dinge" (d. h. Dinge, die von einem Prinzip ausgehen) mit ihrem Prinzip haben. So ist Gott, ein reines und einfaches universales Gut, das eigentliche Gut, das alle Dinge von Natur aus als ihr höchstes und größtes Gut begehren, das Gut, das allen Dingen ihr ganzes Sein gibt. Kurz, "die Natur kehrt nicht nur im Besonderen, sondern noch viel mehr im Gemeinsamen zu sich selbst zurück: denn jedes Wesen ist bestrebt, nicht nur sein Individuum, sondern auch seine Art zu erhalten. Und noch viel mehr wird jedes Wesen von Natur aus zu dem getragen, was das absolute allgemeine Gut ist."[10]

Daran sieht man, in welch tiefem Maße die Natur eine Teilnahme am Intellekt ist. Dank dieser Teilhabe am Intellekt tendiert jede Natur prinzipiell zu einem universellen Gut.

In dem Begehren, das der Erkenntnis folgt, finden wir eine ähnliche Ordnung. Die Lebewesen sind in dem Maße vollkommener, in dem sich ihr Begehren auf ein Gut erstreckt, das von ihrem bloßen singulären Gut weiter entfernt ist. Das Wissen der irrationalen Tiere ist an das vernünftige Singuläre gebunden, und daher kann sich ihr Begehren nicht über das singuläre und private Gut hinaus erstrecken; ausdrückliches Handeln für ein allgemeines Gut setzt ein Wissen voraus, das universal ist. Da die intellektuelle Substanz "*comprehensiva totius entis*"[11] ist, d.h. ein Teil des Universums, in dem die Vollkommenheit des gesamten Universums gemäß der Erkenntnis12 existieren kann, ist das höchste Gut von ihr als intellektuelle Substanz genommen das Gut des Universums, ein wesentlich allgemeines Gut. Von der intellektuellen Substanz kann nicht gesagt werden, dass sie dieses Gut ist, so wie man sagen kann, dass sie das Universum gemäß der Erkenntnis ist. Es ist in der Tat wert, hier den radikalen Unterschied zu bemerken, der zwischen Begehren und Wissen besteht: "Das Gewusste ist im Wissenden; das Gute ist in den Dingen". Wäre das Gute, wie das Erkannte, in dem, der liebt, wären wir selbst das Gute des Universums.

Folglich unterscheiden sich die niederen Wesen von den höheren dadurch, dass das vollkommenste Gut, das sie kennen, mit ihrem singulären Gut identifiziert wird, und dass das Gute, das sie geben können, auf das Wohl des Einzelnen beschränkt ist. "Je vollkommener die Tugend eines Wesens und je eminenter sein Grad der Güte ist, desto mehr ist sein Verlangen nach dem Guten allgemein und desto mehr sucht und wirkt es auf das Gute in Wesen hin, die von ihm selbst entfernt sind. Denn die unvollkommenen Wesen streben nach dem bloßen Gut des Individuums im eigentlichen Sinne; die vollkommenen Wesen streben nach dem Gut der Gattung; und die vollkommensten Wesen nach dem Gut der Gattung. Gott aber, der am vollkommensten gut ist, strebt nach dem Wohl des Seins als Ganzem. Und so heißt es nicht ohne Grund, dass das Gute als solches diffus ist; denn je mehr ein Wesen gut ist, desto mehr breitet es seine Güte auf Wesen aus, die weiter von ihm entfernt sind. Und weil das, was in jeder Gattung am vollkommensten ist, das Vorbild und das Maß für alles ist, was in der Gattung enthalten ist, muss Gott, der am vollkommensten in der Güte ist und diese Güte am allgemeinsten verbreitet, das Vorbild aller Wesen sein, die irgendeine Güte hervorbringen".[13] Es ist das geschaffene allgemeine Gut, gleich welcher Ordnung, das am richtigsten das absolute allgemeine Gut nachahmt.

Man sieht also, dass ein Wesen, je vollkommener es ist, desto mehr Beziehung zum Gemeinwohl impliziert, und desto mehr handelt es prinzipiell für dieses Gut, das nicht nur an sich, sondern auch für das Wesen, das für es handelt, das größte ist. Rationale Wesen, Personen, unterscheiden sich von irrationalen Wesen dadurch, dass sie mehr auf das Gemeinwohl hingeordnet sind und dass sie ausdrücklich für dieses handeln können. Es ist auch wahr, dass sie perverserweise das singuläre Gut ihrer Person dem Gemeinwohl vorziehen können, indem sie sich an der Singularität ihrer Person festmachen, oder wie wir heute sagen, an ihrer Persönlichkeit, die so aufgestellt wird, als wäre sie ein gemeinsamer Maßstab für jedes Gut. Wenn ein vernünftiges Geschöpf sich ferner nicht ganz auf ein untergeordnetes Gemeinwohl, wie das der Familie oder das der öffentlichen Gesellschaft, beschränken kann, so liegt das nicht daran, dass sein singuläres Gut als solches größer wäre; es liegt vielmehr an seiner Ordnung zu einem übergeordneten Gemeinwohl, auf das es prinzipiell hingeordnet ist. In diesem Fall wird das Gemeinwohl nicht für das Wohl des Individuums als Individuum geopfert, sondern für das Wohl des Individuums, das als auf ein universelleres Gemeinwohl geordnet betrachtet wird. Singularität allein kann nicht der Grund *per se* sein. In jeder Gattung ist das Gemeinwohl übergeordnet. Der Vergleich mit Fällen, die über eine einzelne Gattung hinausgehen, widerlegt dieses Prinzip keineswegs, sondern setzt es voraus und bestätigt es.

Bei den vollkommensten Geschöpfen, den reinen Geistern, sieht man diese tiefe Ordnung zum Gemeinwohl am besten. Denn das Gemeinwohl ist um so mehr das ihre, jevollkommener sind ...[14] Und diese Liebe zum gemeinsamen Gut ist so vollkommen und so groß, dass die Engel ihre Ungleichheit und die Unterordnung ihres singulären Gutes, das immer weiter von ihrem gemeinsamen Gut entfernt ist, mehr unterworfen und diesem angepaßt sind, je höher sie in ihrer Vollkommenheit sind, lieben. "Deshalb lieben sie sich dadurch, dass sie an Arten verschieden sind, da dies mehr zur Vollkommenheit des Universums gehört, mehr, als wenn sie von einer Art wären, was dem privaten Gut einer einzigen Art angemessen wäre."[15] Und dieses größere Gut besteht, weil "ihre Liebe mehr auf das gemeinsame Gut schaut."

Zusammenfassend lässt sich sagen, dass nach jenen Autoren, die das Gemeinwohl der Menschen an die zweite Stelle setzen, die vollkommeneren Engel auch die untertänigeren und die am wenigsten freien wären. Durch seine Bindung an das Gemeinwohl wäre der Bürger in Wahrheit der Sklave, während dieser letztere derjenige wäre, der frei war. Denn der Sklave lebte hauptsächlich am Rande der Gesellschaft, und er war frei von der Ordnung der Gesellschaft, wie der Stein in einem Haufen frei von der Ordnung eines Wesens ist. "Wie es sich mit einem Haus verhält", sagte Aristoteles, "so verhält es sich mit der Welt, wo die freien Menschen keineswegs unterworfen sind, dies oder jenes nach gelegentlichen Umständen zu tun, sondern alle ihre Funktionen, oder die größere Zahl von ihnen, beherrscht werden; bei den Sklaven oder Lasttieren dagegen gibt es nur wenige Dinge, die irgendeine Beziehung zum Gemeinwohl haben, und die meisten Dinge sind der Willkür überlassen."[16] Im marxistischen Personalismus, der sich in der letzten Phase des Kommunismus vollendet, ist der Bürger nichts anderes als ein Sklave, dem man, während er im Zustand eines Sklaven bleibt, einen Titel der scheinbaren Freiheit gibt, durch den ihm sogar die Teilnahme an der wahren Freiheit genommen wird. [17]

Das Gemeinwohl ist sowohl an sich als auch für uns liebenswerter als das private Gut. Aber es könnte trotzdem eine Verwirrung bleiben, denn man kann das Gemeinwohl auf zwei Arten lieben. Man kann es lieben, um es zu besitzen, und man kann es für seine Erhaltung und gegen seine Verbreitung lieben. In der Tat kann man sagen: Ich liebe das Gemeinwohl, weil sein Besitz für mich ein höheres Gut ist. Aber das ist keine Liebe zum Gemeingut als Gemeingut. Es ist eine Liebe, die das Gemeingut mit dem Gut der einzelnen Person, die als solche betrachtet wird, identifiziert. "Das Gut einer Stadt zu lieben, um es sich anzueignen und es für sich selbstbesitzen, ist nicht das, was der gute politische Mensch tut; denn so ist es, dass auch der Tyrann das Gut der Stadt liebt, um sie zu beherrschen, was bedeutet, sich selbst mehr zu lieben als die Stadt; in der Tat ist es für ihn selbst, dass er dieses Gut begehrt, und nicht für die Stadt. Aber das Gut der Stadt zu lieben, um es zu erhalten und zu verteidigen, das ist wahrhaftig die Liebe zur Stadt, und das ist es, was der gute politische Mensch tut, auch wenn er, um das Gut der Stadt zu erhalten oder zu vermehren, sich der Gefahr des Todes aussetzt und sein privates Gut vernachlässigt." Und der hl. Thomas wendet diese Unterscheidung sofort auf die übernatürliche Seligkeit an, in der der Begriff des Gemeinwohls am vollkommensten ist: "Also das Gut zu lieben, an dem die Seligen teilhaben, um es zu erwerben oder zu besitzen, macht den Menschen nicht wohlgesinnt, denn die Bösen beneiden auch dieses Gut; aber es an sich zu lieben, damit es erhalten und verbreitet werde und nichts dagegen getan werde, das ist es, was den Menschen wohlgesinnt macht gegenüber dieser Gesellschaft der Seligen; und darin besteht die Nächstenliebe, Gott für sich zu lieben und den Nächsten, der der Seligkeit fähig ist, wie sich selbst." Daher kann man das Gemeinwohl nicht lieben, ohne es in seiner Fähigkeit zu lieben, an ihm teilzuhaben. Die gefallenen Engel lehnten nicht die Vollkommenheit des Gutes ab, das ihnen angeboten wurde; sie lehnten die Tatsache ab, dass es gemeinschaftlich ist, und sie verachteten diese Gemeinschaft. Wenn wirklich das Gut ihrer singulären Person an erster Stelle gestanden haben sollte, wie hätten sie dann gegen das gemeinsame Gut sündigen können? Und vor allem, wie konnte das von Natur aus würdigste vernunftbegabte Geschöpf von dem göttlichsten Gut, das es gibt, abfallen?

Eine Gesellschaft, die von Personen gebildet wird, die ihr privates Gut über das Gemeinwohl stellen oder das Gemeinwohl mit dem privaten Gut identifizieren, ist eine Gesellschaft nicht freier Menschen, sondern von Tyrannen - "und so wird das ganze Volk wie ein Tyrann "[19] -, die sich gegenseitig mit Gewalt führen, wobei das oberste Oberhaupt niemand anderes ist als der Klügste und Stärkste unter den Tyrannen und die Untertanen nur frustrierte Tyrannen sind. Diese Verweigerung des Gemeinwohls entspringt an der Wurzel dem Misstrauen und der Verachtung von Personen.

Es gibt diejenigen, die versucht haben zu behaupten, dass das Gut der einzelnen Person rein und einfach über dem Gemeinwohl steht, indem sie sich auf die absolute Transzendenz der übernatürlichen Seligkeit stützen - als ob diese Seligkeit nicht in ihrer Transzendenz und sogar durch ihre Transzendenz das universellste Gemeinwohl wäre, das um seiner selbst und um seiner eigenen Verbreitung willen geliebt werden muss. Dieses höchste Gut unterscheidet sich nicht von minderwertigen Gemeingütern dadurch, dass es ein singuläres Gut der einzelnen Person ist. Man kann in der Tat mit den Worten "partikulär", "eigen" und "singulär" spielen. "Das Eigengut des Menschen muss auf verschiedene Weise verstanden werden, so wie der Mensch auf verschiedene Weise aufgefasst wird. Denn das eigentliche Gut des Menschen, als Mensch betrachtet, ist das Gut der Vernunft, weil für den Menschen sein heißt, vernünftig zu sein. Aber das Gut des Menschen, als Schöpfer betrachtet, ist das künstlerische Gut; und ebenso, als politisches Wesen betrachtet, ist sein Gut das Gemeinwohl der Stadt. "[20] Aber wie das Gut des Menschen, als Bürger betrachtet, nicht das Gut des Menschen, als Mensch betrachtet, einfach ist, so ist auch das Gut der Seligkeit nicht das Gut des Menschen nur als Mensch, noch das Gut des Menschen als Bürger der bürgerlichen Gesellschaft, sondern als Bürger der himmlischen Stadt. "Um politisch gut zu sein, muss man das Gut der Stadt lieben. Wenn aber der Mensch, insofern er zur Teilhabe am Gut irgendeiner Stadt zugelassen und zu ihrem Bürger gemacht wird, gewisser Tugenden bedarf, um die Dinge zu vollbringen, die zu den Bürgern gehören, und um das Gut der Stadt zu lieben, so ist es auch für den Menschen, der durch die Gnade zur Teilhabe an der himmlischen Seligkeit zugelassen wird, die in der Anschauung und dem Genuss Gottes besteht, gleichsam ein Bürger und Mitglied dieser seligen Gesellschaft, die das himmlische Jerusalem genannt wird, nach den Worten des hl. Paulus an die Epheser, II, 19: Ihr seid Bürger der Stadt der Heiligen und Glieder der Familie Gottes."[21] Und da die Tugenden des Menschen, einfach als solche betrachtet, nicht ausreichen, um uns auf das Gemeinwohl der bürgerlichen Gesellschaft auszurichten, so muss es auch ganz besondere Tugenden geben, höchst überlegene und edle, um uns zur Seligkeit zu befehlen, und die Seligkeit unter dem ganz formalen Aspekt des Gemeinwohls betrachtet: "Deshalb sind für den so zum himmlischen Leben zugelassenen Menschen gewisse freie Tugenden notwendig; die eingeflößten Tugenden nämlich, deren richtige Ausübung die Liebe zum Gemeinwohl der gesamten Gesellschaft voraussetzt, nämlich zum göttlichen Gut, insofern es der Gegenstand der Seligkeit ist."[22] Und hier macht der hl. Thomas die oben zitierte Unterscheidung zwischen der Liebe zum Besitz und der Liebe zur Verbreitung. *Sie sind Bürger*, besonders in dieser Seligpreisung, in der das Gemeinwohl mehr als irgendwo sonst den Begriff des Gemeinwohls hat.

Die Erhebung in die übernatürliche Ordnung erhöht nur die Abhängigkeit des Gutes der einzelnen Person, als solche betrachtet, von einem höheren und entfernteren Gut. Wenn eine klösterliche Tugend eine Handlung, die auf das Gemeinwohl der bürgerlichen Gesellschaft gerichtet ist, nicht vollbringen kann, es sei denn, sie wird durch eine höhere Tugend erhoben, die dieses Gemeinwohl richtig im Blick hat, so wird sie dazu noch weniger in der Lage sein, wenn das Gemeinwohl richtig göttlich ist: "Da es kein Verdienst ohne Nächstenliebe geben kann, kann die Handlung einer erworbenen Tugend ohne Nächstenliebe nicht verdienstvoll sein, ...denn eine Tugend, die auf ein niederes Ziel gerichtet ist, kann diese Handlung, die auf ein höheres Ziel gerichtet ist, nicht vollbringen, es sei denn mit Hilfe einer höheren Tugend. Zum Beispiel kann die Kraft, die die Tugend eines Menschen ist, der als Mensch betrachtet wird, nicht die Handlung eines Menschen zum politischen Gut befehlen, außer mittels der Kraft, die die Tugend eines Menschen ist, der als Bürger betrachtet wird. "[23] Die Kraft eines Menschen, der als Mensch betrachtet wird, mit der er das Gut seiner Person verteidigt, reicht nicht aus, um das Gemeinwohl ausreichend zu verteidigen. Diejenige Gesellschaft ist sehr verdorben, die sich nicht auf die Liebe zum mühsamen Gemeinwohl und die überlegene Kraft des Bürgers als Bürger berufen kann, sondern die ihr Gut unter der Gestalt des Gutes der einzelnen Person darstellen muss.

Wir dürfen die Tugenden des politischen Menschen nicht als bloßes Beiwerk zu den Tugenden des Menschen, der einfach als Mensch betrachtet wird, betrachten. Man stellt sich vor, dass die letzteren tiefer sind, während man sich andererseits vorstellt, dass ein Mensch, der in seinem persönlichen oder häuslichen Leben böse ist, trotzdem ein guter politischer Mensch sein kann. Das ist ein Zeichen für die Verachtung dessen, was formell das Gemeinwohl betrifft. Aber "zu einem hohen Grad himmlischer Seligkeit werden diejenigen gelangen, die das Amt des Königs in edler und lobenswerter Weise erfüllen. Denn wenn das Glück, das die Tugend erlangt, eine Belohnung ist, so folgt daraus, dass die größere Tugend zu dem größeren Glück führt, das ihr gebührt. Die Tugend aber, durch die ein Mensch nicht nur sich selbst, sondern auch andere zu leiten vermag, ist eine höhere Tugend; und sie ist um so höher, als sie eine größere Zahl von Menschen zu leiten vermag; so wie jemand nach den körperlichen Tugenden für tugendhafter gehalten wird, wenn er eine größere Zahl von Gegnern zu überwinden oder ein größeres Gewicht zu heben vermag. So ist eine größere Tugend erforderlich, um eine Familie zu leiten, als sich selbst zu leiten, und eine noch größere Tugend, um eine Stadt und ein Reich....*Seid Nachahmer Gottes, als geliebte Söhne.* Aber, wie der Weise sagt: 'Jedes Tier mag seinesgleichen, insofern die Wirkungen eine gewisse Ähnlichkeit mit ihrer Ursache haben; daraus folgt, dass gute Könige Gott sehr wohlgefällig sind und dass sie von Ihm einen sehr großen Lohn erhalten werden.' "[24]

Die Position, die besagt, dass das Gut der singulären Person, als solches betrachtet, dem Gut der Gemeinschaft übergeordnet sein sollte, wird abscheulich, wenn man bedenkt, dass die Person selbst das Objekt der Liebe ihres singulären Gutes ist. "... Da die Liebe das Gute zum Gegenstand hat, ist sie auch entsprechend der Verschiedenheit der Güter differenziert. Aber es gibt ein Gut, das einem Menschen eigen ist, da dieser eine singuläre Person ist; und was die Liebe betrifft, die dieses Gut zum Gegenstand hat, so ist jeder Mensch das Hauptobjekt seiner eigenen Liebe. Es gibt aber ein allgemeines Gut, das diesem oder jenem Einzelnen insofern zukommt, als er ein Teil eines Ganzen ist, wie zum Beispiel dem Soldaten, insofern er ein Teil des Heeres ist, und dem Bürger, insofern er ein Teil der Stadt ist; und was die Liebe betrifft, deren Gegenstand dieses Gut ist, so ist ihr Hauptgegenstand derjenige, in dem dieses Gut hauptsächlich besteht, wie das Gut des Heeres im Haupt des Heeres und das Gut der Stadt im König; deshalb ist es die Pflicht des guten Soldaten, sogar seine eigene Sicherheit zu vernachlässigen, um das Gut seines Hauptes zu erhalten, so wie ein Mann natürlich seinen Arm aussetzen wird, um seinen Kopf....

Mit anderen Worten, das höchste Gut eines Menschen gehört ihm nicht insofern, als er selbst ein bestimmtes Ganzes ist, in dem das Selbst der Hauptgegenstand seiner Liebe ist, sondern "insofern er Teil eines Ganzen ist", eines Ganzen, das ihm gerade wegen der Universalität seines Wissens zugänglich ist. Sie sagen, dass der Begriff des Teils dem Menschen nicht angemessen ist, wenn man ihn in seiner Beziehung zum letzten Zweck betrachtet? Hier ist der Text, der unmittelbar auf das soeben Zitierte folgt: "... und so hat die Nächstenliebe als ihren Hauptgegenstand das göttliche Gut, das das Gut eines jeden ist, je nachdem er an der Seligkeit teilzuhaben vermag. "[26]Es ist also in der Tat so, dass wir als Teil auf dieses größte aller Güter hingeordnet sind, das nur durch die Mitteilbarkeit an andere am vollkommensten das unsere sein kann. Wäre das göttliche Gut formell "ein Eigengut des Menschen, insofern er eine singuläre Person ist", so müssten wir selbst das Maß dieses Gutes sein, was sehr wohl ein Gräuel ist.

Selbst die Liebe zum Eigengut der einzelnen Person hängt von der Liebe zum Gemeinwohl ab. Denn in der Tat haben wir die Natur eines Teils so vollkommen, dass die Berichtigung in Bezug auf das Eigengut nicht wirklich sein kann, wenn sie nicht mit dem Gemeinwohl übereinstimmt und ihm untergeordnet ist. "... Das Gute eines jeden Teils liegt in seiner Beziehung zum Ganzen: deshalb sagt Augustinus, dass 'jeder Teil schlecht ist, der nicht mit dem Ganzen übereinstimmt'. Da also jeder Mensch ein Teil der Stadt ist, ist es unmöglich, dass ein Mensch gut ist, wenn er nicht vollkommen im Verhältnis zum Gemeinwohl steht; und das Ganze selbst kann nicht gut sein, außer durch Teile, die im Verhältnis zu ihm stehen. "[27] Diese Ordnung ist so integral, dass diejenigen, die nach dem Gemeinwohl streben, *ex consequenti* nach ihrem eigenen Eigengut streben: "denn erstens kann das Eigenwohl nicht ohne das Gemeinwohl der Familie, der Stadt oder des Reiches existieren. Weshalb Valerius Maximus von den alten Römern sagt, dass sie lieber arm in einem reichen Reich waren als reich in einem armen Reich". Und weil, zweitens, der Mensch ein Teil des Hauses und der Stadt ist, ist es notwendig, dass er das, was für ihn selbst gut ist, im Lichte der Klugheit beurteilt, deren Ziel das Wohl der Gesamtheit ist; denn die rechte Anordnung des Teils findet sich in seiner Beziehung zum Ganzen. "[28] Und dies zeigt sich am deutlichsten in dem gemeinsamen Gut der Seligkeit, in dem gerade die Universalität des Gutes das Prinzip ist, durch das es die Seligkeit für die einzelne Person begründet. Denn gerade wegen seiner Universalität kann es die Quelle der Seligkeit für die einzelne Person sein. Und diese Kommunikation mit dem gemeinsamen Gut begründet die Kommunikation unter den singulären Personen *extra verbum*: Das gemeinsame Gut, insofern es gemeinsam ist, ist die Wurzel dieser Kommunikation, die nicht möglich wäre, wenn das göttliche Gut nicht schon in seiner Mitteilbarkeit an andere geliebt würde: "praeexigitur amor boni communis toti societati, quod est bonum divinum, prout est beatitudinis objectum. "[29]

Wenn man zugesteht, dass die singulären Personen auf das ultimative getrennte Gut hin geordnet sind, insofern dieses den Begriff des Gemeinwohls hat, wird man immer noch nicht sehr bereitwillig zugestehen, dass im Universum selbst die Personen nicht gewollt sind, außer für das Wohl der Ordnung des Universums, ein gemeinsames intrinsisches Gut, das besser ist als die singulären Personen, die es materiell konstituieren. Man zieht es vor, sich die Ordnung des Universums als einen bloßen Überbau von Personen vorzustellen, die Gott nicht als Teile, sondern als radikal unabhängige Ganzheiten will, und als Teile nur sekundär. Denn ist es nicht so, dass die vernünftigen Geschöpfe sich von den irrationalen dadurch unterscheiden, dass sie nicht nur in Bezug auf ihre Gattung, sondern auch in Bezug auf das Individuum für sich selbst gewollt und regiert werden? "Die Handlungen ... des vernünftigen Geschöpfes werden von der göttlichen Vorsehung gelenkt, nicht nur, weil sie zu einer Art gehören, sondern auch insofern, als sie persönliche Handlungen sind".[30] Daraus schließt man offenbar, dass die einzelnen Personen selbst Güter sind, die in erster Linie für sich selbst gewollt sind und in sich selbst dem Gut des zufälligen Ganzen überlegen sind, dessen Konstitution aus ihnen eine Art Folge und Ergänzung ihrer eigenen Existenz ist.

Was aber ist der Zweck, den Gott bei der Erzeugung der Dinge beabsichtigt? "Gott hat das Sein aller Dinge hervorgebracht, nicht durch natürliche Notwendigkeit, sondern durch seinen Verstand und Willen. Sein Verstand und sein Wille können keinen anderen Zweck haben als seine eigene Güte, die er den Dingen mitteilt. Die Dinge haben an der göttlichen Güte durch Ähnlichkeit teil, insofern sie selbst gut sind. Das Beste aber an den geschaffenen Dingen ist das Gute der Ordnung des Universums, das das Vollkommenste ist, wie der Philosoph sagt (*XII. Metaphysik*, c. 10); dies steht auch im Einklang mit der Heiligen Schrift, wo es heißt: *Und Gott sah alles an, was er gemacht hatte, und es war sehr gut.* (*Gen.* I, 31), während er von den Werken der Schöpfung für sich genommen nur gesagt hatte, sie seien gut. Folglich ist das Gute der von Gott geschaffenen Ordnung der Dinge auch der Hauptgegenstand des Willens und der Absicht Gottes (*praecipue volitum et intentum*). Ein Wesen zu regieren ist aber nichts anderes, als ihm eine Ordnung aufzuerlegen ....

"Außerdem ist das, was auf einen Zweck hinstrebt, mehr mit dem beschäftigt (*magis curat*), was dem Endzweck näher ist, weil dieser auch der Zweck aller anderen Zwischenzwecke ist. Der Endzweck des göttlichen Willens aber ist seine eigentliche Güte, und in den geschaffenen Dingen ist es das Gut der Ordnung des Universums, das dieser Güte am nächsten ist (*cui propinquissimum*), denn jedes besondere Gut dieses oder jenes Dings ist dem Gut der Ordnung des Universums als seinem Zweck nach geordnet, wie das weniger Vollkommene dem Vollkommeneren geordnet ist. Daher wird jeder Teil als für das Ganze existierend befunden. Folglich ist es die Ordnung des Universums, für die Gott die größte Sorge unter den geschaffenen Dingen hat. "[31]

Warum will Gott die Unterscheidung zwischen den Dingen, ihre Ordnung und ihre Ungleichheit? "Die Unterscheidung unter den Dingen und ihre Vielheit kommt von der Absicht des ersten Agens, welches Gott ist. Denn Gott hat den Dingen das Sein gegeben, um den Geschöpfen seine Güte mitzuteilen und diese Güte durch sie zu offenbaren; und weil diese Güte nicht durch ein Geschöpf allein hinreichend offenbart werden kann, hat er viele und verschiedene Geschöpfe geschaffen, damit das, was dem einen zur Offenbarung der göttlichen Güte fehlt, in einem anderen ergänzt wird. Denn die Güte, die in Gott nach einer einfachen und gleichförmigen Weise besteht, besteht in den Geschöpfen in vielfacher und geteilter Weise; darum hat das ganze Weltall mehr an der göttlichen Güte teil und offenbart sie vollkommener als jedes andere geschaffene Ding. "[32]

"... In jeder Wirkung ist das, was ein Endzweck ist, vom Hauptakteur richtig gewollt, so wie die Ordnung der Armee vom General gewollt ist. Aber das Vollkommenste in den Dingen ist das Gute der universalen Ordnung....ist die Ordnung des Universums von Gott gewollt und nicht ein zufälliges Produkt der Abfolge von Agenten, ...sondern ... dieselbe universale Ordnung ist in sich selbst von Gott....[33]

"Der Zweck, für den eine Wirkung erzeugt wird, ist das, was in ihr gut und am besten ist. Das Gute und Beste im Universum aber besteht in der Ordnung, die seine Teile untereinander haben, welche Ordnung ohne Unterscheidung nicht bestehen kann; denn gerade diese Ordnung ist es, die das Universum in seinem Charakter als Ganzes ausmacht, welches letztere das Beste in ihm ist. Daher ist gerade die Ordnung der Teile des Universums und ihre Unterscheidung der Zweck, zu dem es geschaffen wurde. "[34]

Diese Vorstellung wird sicherlich abgelehnt, wenn man den singulären Menschen und sein singuläres Gut als die primäre Wurzel, als letztes intrinsisches Ziel und folglich als das Maß alles intrinsischen Guten im Universum betrachtet. Diese Ablehnung kommt entweder aus einer spekulativen Unwissenheit oder aus einer praktischen.

Die spekulative Unkenntnis des Gemeinwohls besteht darin, es als ein fremdes Gut, ein "bonum alienum", dem "*bonum suum*" entgegengesetzt zu denken; so begrenzt man das "*bonum suum*" auf das singuläre Gut der singulären Person. In dieser Position würde die Unterordnung des privaten Gutes unter das allgemeine Gut die Unterordnung des vollkommeneren Gutes der Person unter ein fremdes Gut bedeuten; das Ganze und der Teil werden einander fremd sein; der Teil des Ganzen wird nicht "sein Teil" sein. Dieser Irrtum erniedrigt die Person in ihrer grundlegendsten Fähigkeit: der Teilhabe an einem größeren Gut als dem singulären Gut; er leugnet die wunderbarste Vollkommenheit des Universums, jene Vollkommenheit nämlich, die Gott grundsätzlich will und in der die Personen "ihr" größtes geschaffenes Gut finden können. Dieser Irrtum lehnt das geschaffene allgemeine Gut ab, nicht weil es ein bloß geschaffenes Gut ist, sondern weil es allgemein ist. Und darin liegt die Schwere dieses Irrtums: er muss auch das göttlichste Allgemeingut ablehnen, das wesentlich gemeinsam ist.

Selbst bei einem korrekten spekulativen Verständnis des Gemeinwohls kann noch eine verderbliche praktische Unkenntnis koexistieren. Man kann den Vorrang des Gemeinwohls ablehnen, weil es nicht in erster Linie das singuläre Gut der singulären Person ist und weil es eine Unterordnung der letzteren unter ein Gut erfordert, das uns aufgrund unserer singulären Persönlichkeit nicht zusteht. Durch die ungeordnete Liebe zur Einzigartigkeit lehnt man das Gemeinwohl praktisch als ein fremdes Gut ab und hält es für unvereinbar mit der Vortrefflichkeit unseres singulären Zustandes. Man entzieht sich also der Ordnung und flüchtet sich in sich selbst, als wäre man ein Universum für sich selbst, ein Universum, das in einem freien und sehr persönlichen Akt wurzelt. Man verzichtet aus freien Stücken auf die Würde als rationales Geschöpf, um sich als radikal unabhängiges Ganzes zu etablieren. "Der Haß selbst gegen Gott hat den Begriff des Endes, insofern er unter dem Begriff der Freiheit begehrt wird, nach den Worten Jeremias (II, 20): Du hast längst das Joch zerbrochen, die Fesseln zerrissen, und du hast gesagt: Ich will nicht dienen!"[35] Man würde das Gemeinwohl nicht ablehnen, wenn man selbst dessen Prinzip wäre, oder wenn es seine Vortrefflichkeit aus der eigenen freien Wahl bezöge: der Vorrang wird der Freiheit selbst eingeräumt. Man will zunächst ein so radikal unabhängiges Ganzes sein, dass man Gott nicht braucht, außer zu diesem Zweck, und dann würde man ein Recht genießen, sich der Ordnung zu unterwerfen oder nicht, wie es einem gefällt. Der Akt der Unterwerfung selbst wäre ein Akt, der als Überschuß aus einem reinen "für sich selbst" und aus der Anerkennung der eigenen Großzügigkeit als so groß hervorgeht, dass es ihr nicht schadet, sich auszubreiten; im Gegenteil, die Persönlichkeit würde so sich selbst erfüllen und das Gute ausgießen, das sie schon in sich selbst besitzt. [36] Sie erfüllt sich selbst - das heißt, ihr Gutes kommt von innen; sie wird dem Äußeren nichts als die Großzügigkeit des Extra-Raumes verdanken. Es wird seine Abhängigkeit von der ungeformten Materie bereitwillig anerkennen, wie der Bildhauer, der seine Abhängigkeit vom Stein anerkennt. Man wird sich sogar von einem anderen leiten lassen; man wird einen Vorgesetzten anerkennen, vorausgesetzt, dieser ist die "Frucht" der eigenen Wahl und der Stellvertreter nicht der Gemeinschaft, sondern in erster Linie seiner selbst. Jedes andere Gut als dasjenige, das uns aufgrund unserer einzigartigen Natur zusteht, jedes Gut, das diesem vorausgeht und dem wir uns aus freien Stücken unterwerfen müssen unter der Gefahr, Böses zu tun, wird als Beleidigung unserer Persönlichkeit verabscheut.

Es gibt sogar eine Revolte gegen die Idee der Ordnung selbst, obwohl ein Geschöpf in dem Maße vollkommener ist, in dem es mehr an der Ordnung teilhat. Die abgetrennten Substanzen sind vollkommener als wir, weil sie geordneter sind und von Natur aus tiefer an der Vollkommenheit des Universums teilhaben, von dem sie aufgrund eben dieser Ordnung ihren Glanz erhalten. "*Die Dinge, die von Gott sind, sind geordnet.* Aber es ist notwendig, dass die höheren Teile des Universums mehr am Gut des Universums, das die Ordnung ist, teilhaben. Die Dinge, in denen die Ordnung *an sich* besteht, nehmen vollkommener an der Ordnung teil als die Dinge, in denen die Ordnung nur zufällig zu finden ist. "[37] Warum wird die Ordnung, die das Werk der göttlichen Weisheit ist, verachtet? Wie könnten die Engel ihre Ungleichheit lieben, wenn diese nicht im Gemeinwohl verwurzelt wäre, und wenn dieses Gemeinwohl nicht ihr höchstes Gut wäre? Wäre im Gegenteil das Sein ihrer Person für sie das größte innere Gut des Universums, so wäre die Ungleichheit ein Prinzip der Zwietracht, sowohl unter den Engeln als auch unter jeder einzelnen Person, und das gemeinsame Gut wäre ein fremdes Gut; diese Ungleichheit entstünde nicht aus der göttlichen Weisheit, sondern entweder aus dem freien Willen und der Gegensätzlichkeit von Gut und Böse oder aus einem Vorrang, der dem materiellen Unterschied gegeben ist. [38]

Die Tatsache, dass die Hauptteile, die das Universum materiell konstituieren, für sich selbst geordnet und regiert werden, kann die überragende Vollkommenheit des Ganzen nur umso auffälliger erscheinen lassen, da diese Vollkommenheit der primäre innere Grund für die Vollkommenheit der Teile ist. Und: "Wenn wir sagen, dass die göttliche Vorsehung die geistigen Substanzen für sich selbst ordnet, so meinen wir damit nicht, dass diese Substanzen keine weitere Beziehung zu Gott und zur Vollkommenheit des Universums haben. Wir sagen deshalb, dass sie so für sich selbst regiert werden und dass die anderen Geschöpfe für sie regiert werden, weil die Güter, die sie durch die göttliche Vorsehung erhalten, ihnen nicht zum Nutzen anderer Geschöpfe gegeben werden; im Gegenteil, die Güter, die den anderen Geschöpfen verliehen werden, werden von der göttlichen Vorsehung zum Nutzen der intellektuellen Substanz geordnet. "[39] Es ist also etwas ganz anderes, zu sagen, dass die vernünftigen Geschöpfe für sich selbst regiert und geordnet werden, und zu sagen, dass sie es für sich selbst und für ihr singuläres Gut sind; sie sind für sich selbst zum allgemeinen Gut geordnet. Das Gemeinwohl ist für sie, aber es ist für sie als Gemeinwohl. Die vernunftbegabten Geschöpfe können selbst auf ausdrückliche Weise zu jenem Gut gelangen, zu dem alle Geschöpfe bestellt sind; so unterscheiden sie sich von den irrationalen Geschöpfen, die reine Werkzeuge sind, bloß nützlich, und die nicht von sich aus auf ausdrückliche Weise zu dem allgemeinen Gut gelangen, zu dem sie bestellt sind. Und darin besteht die Würde der vernünftigen Natur.

Einwände und Antworten

Erster Einwand: Freiheit und persönliche Würde
Es scheint, dass die Würde der Person dem Begriff des Teils und dieser Ordnung zum Gemeinwohl entgegengesetzt ist. Denn "die Würde bedeutet das Gute für sich selbst, das Nützliche das Gute für andere als sich selbst - dignitas significat bonitatem alicuius propter seipsum, utilitas vero propter aliud. "[40] Außerdem "gehört die Würde zu den Dingen, die absolut gesagt werden - dignitas est de absolute dictis. "[41] Ist es nicht aus diesem Grund, dass die Personen für sich selbst geordnet und regiert werden? [42]

Dem ist zu entgegnen, dass das vernunftbegabte Geschöpf seine Würde aus der Tatsache bezieht, dass es durch sein richtiges Wirken, durch seine Intelligenz und gegen seine Liebe das letzte Ziel des Universums erreichen kann. "Die intellektuellen und vernünftigen Geschöpfe übertreffen die anderen Geschöpfe sowohl durch die Vollkommenheit ihrer Natur als auch durch die Würde ihres Endes. Durch die Vollkommenheit ihrer Natur, weil das vernunftbegabte Geschöpf das einzige ist, das Herr seiner Handlungen ist und sich selbst frei dazu bestimmt, so zu handeln, wie es handelt, während die anderen Geschöpfe eher zu Handlungen bewegt werden als selbst handeln. Durch die Würde ihres Zweckes, weil nur das intellektuelle Geschöpf sich bis zum allerletzten Zweck des Universums erhebt, nämlich indem es Gott kennt und liebt, während die anderen Geschöpfe diesen Zweck nur durch eine gewisse Teilhabe an seiner Ähnlichkeit erreichen können.

Das vernunftbegabte Geschöpf existiert also, soweit es selbst den Zweck der Offenbarung Gottes außerhalb seiner selbst erreichen kann, für sich selbst. Die irrationalen Geschöpfe existieren nur um dieses Wesens willen, das von sich aus einen Zweck erreichen kann, der den irrationalen Geschöpfen nur implizit zukommen wird. Der Mensch ist die Würde, die ihr Zweck ist. Das heißt aber nicht, dass die vernünftigen Geschöpfe um der Würde ihres eigenen Seins willen existieren und dass sie selbst die Würde sind, um derentwillen sie existieren. Sie beziehen ihre Würde aus dem Zweck, den sie erreichen können und müssen; ihre Würde besteht darin, dass sie den Zweck des Universums erreichen können, wobei der Zweck des Universums in dieser Hinsicht für die vernunftbegabten Geschöpfe, d. h. für jedes von ihnen, ist. Dennoch ist das Gut des Universums nicht für die vernunftbegabten Geschöpfe, als ob die letzteren das Ende der ersteren wären. Das Gut des Universums ist das

Gut eines jeden der vernunftbegabten Geschöpfe insofern, als es ihr Gut als gemeinsames Gut ist.

Aber die Würde, mit der das vernunftbegabte Geschöpf aufgrund seines Zwecks ausgestattet ist, hängt so sehr von diesem Zweck ab, dass das Geschöpf sie verlieren kann, wie es die Erreichung seines Zwecks verlieren kann. "Indem der Mensch sündigt, stellt er sich außerhalb der Ordnung der Vernunft, und folglich verliert er die Menschenwürde, denn der Mensch ist von Natur aus frei und für sich selbst existierend, und er stellt sich in gewisser Weise in die Knechtschaft der Tiere....[44] Weit davon entfernt, die Ordination seines Privatgutes (oder seines Eigengutes, wenn dieses so verstanden wird, dass es nicht schon das Gemeinwohl einschließt) zum Gemeinwohl auszuschließen oder es dem Gemeinwohl gegenüber gleichgültig zu machen, als ob diese Ordination eine reine Sache der Freiheit des Widerspruchs wäre, beinhaltet die Würde des intelligenten Geschöpfes im Gegenteil die Notwendigkeit dieser Ordination. Der Mensch versagt in seiner Menschenwürde, wenn er das eigentliche Prinzip dieser Würde ablehnt: das im Gemeinwohl verwirklichte Wohl des Verstandes. Er unterwirft sich der Knechtschaft der Tiere, wenn er das Gemeinwohl als ein fremdes Gut ansieht. Die Vollkommenheit der menschlichen Natur ist so wenig eine Versicherung der Würde, dass es genügt, wenn der Mensch sich innerlich auf seine eigene Würde als auf einen hinreichenden Grund und ein erstes Fundament stützt, um sein Für-sich-sein nicht zu erlangen.

Weil "dignitas est de absolute dictis", kann die Würde nicht ein eigenes Attribut der Person sein, die als solche betrachtet wird, sondern sie gehört vielmehr den Personen ihrer Natur nach. Denn die Person ist nicht ein Absolutes als solches. Die göttlichen Personen sind subsistente Beziehungen. "Die Vaterschaft ist die Würde des Vaters, wie sie das Wesen des Vaters ist; denn die Würde ist ein Absolutes, und sie gehört zum Wesen. Wie also dasselbe Wesen, das im Vater die Vaterschaft ist, im Sohn die Abstammung ist, so ist auch dieselbe Würde, die im Vater die Vaterschaft ist, im Sohn die Abstammung".[45] Auch beim Menschen ist die Würde kein Attribut der Person als solcher, sondern der vernunftbegabten Natur; und wenn die geschaffene Person ein Absolutes ist, so liegt das an ihrer Unvollkommenheit in ihrem eigentlichen Charakter als Person. Außerdem ordnet die Natur bei einem rein geschaffenen vernünftigen Wesen die Persönlichkeit unter.[46] Noch weiter ist es wichtig zu beachten, dass die Person selbst universell durch die Mitteilbarkeit definiert ist: "rationalis naturae individua substantia--individuelle Substanz einer rationalen Natur", wobei Natur als Wirkprinzip zu verstehen ist. Die Unkommunizierbarkeit der Person selbst ist nicht als Begriff zu denken, als ob die Person für ihre Unkommunizierbarkeit existierte; im Gegenteil, weit davon entfernt, in dieser Unkommunizierbarkeit ein Wesen "für sich selbst" zu sein, ist es diese Unkommunizierbarkeit, die die Natur für die Kommunikation öffnet--actiones *sunt suppositorum*. Die göttlichen Personen sind wesentlich Ausdruck der Fruchtbarkeit der göttlichen Natur. Im Fall der geschaffenen Person vollzieht sich die Kommunikation durch die lebendige Teilhabe am Gemeinwohl.

Das Für-sich-sein einer jeden geschaffenen Person ist für den Zweck der Person, der Gott ist. Nichts ist diesem Für-sich-sein für Gott vorgelagert. Nichts kann es auflösen, außer dem Bösen. Da die geschaffene Person alles, was sie ist, von Gott hat - sekundum *hoc ipsum quod est, alterius est* -, muss die geschaffene Person durch eine direkte Bewegung auf ihr Ziel zugehen. In dieser fundamentalen Perspektive - und es gibt keine fundamentalere - ist jede bewusst reflexive Betrachtung einer geschaffenen Person auf sich selbst eine dunkle Betrachtung und eine Abkehr von Gott. Wäre die menschliche Person wirklich das, was die Personalisten sagen, so müsste der Mensch in sich selbst eine Liebenswürdigkeit finden können, die ihm angesichts seines Zweckes zu eigen wäre; das Selbst wäre allein das Prinzip der Bestimmung der Person; es wäre auch der Begriff; es würde sich keinem anderen Zweck als sich selbst unterordnen, es sei denn, um diesen Zweck sich selbst unterzuordnen; es würde sich nicht anderen Dingen als sich selbst zuwenden, es sei denn im Hinblick auf denselben Zweck, sie sich zu eigen zu machen.

Betrachten wir nun das intelligente Geschöpf in seiner Vollkommenheit als freies Wesen. Die Vollkommenheit der Natur, die die Wurzel der Freiheit ist, hat nur in Gott den Begriff eines Ziels. Von Gott wird außerdem nur gesagt, er sei frei in Bezug auf Dinge, die ihm untergeordnet sind. Die Freiheit bezieht sich nicht auf den Zweck als solchen, sondern auf die Mittel; wenn sie sich auf einen Zweck bezieht, dann deshalb, weil dieser Zweck ein untergeordneter ist und damit den Charakter eines Mittels annimmt. Gott ist notwendig der Zweck aller Dinge, die er frei macht, und seine Freiheit bezieht sich nur auf das, was er im Hinblick auf diesen Zweck, der das höchste Gut ist, macht. Die Würde Gottes ist die einzige Würde, die mit seinem Sein identisch und daher unfehlbar ist. Weil kein anderes Agens sein eigener Endzweck ist und weil der Eigenzweck aller anderen Wesen auf einen höheren Zweck hin geordnet werden kann, ist das vernunftbegabte Geschöpf fehlbar und kann seine Würde verlieren; seine Würde ist nur insoweit gesichert, als es in der Ordnung des Ganzen bleibt und nach dieser Ordnung handelt. Im Gegensatz zu den irrationalen Geschöpfen muss sich das vernunftbegabte Geschöpf in der Ordnung halten, die unabhängig von ihm selbst besteht; aber in dieser Ordnung zu bleiben, heißt, sich ihr zu unterwerfen und sich von ihr messen zu lassen; die Würde ist also an die Ordnung gebunden, und sich außerhalb von ihr zu stellen, heißt, seine Würde zu versagen. Gehörte die Würde den vernunftbegabten Geschöpfen absolut, wäre sie durch die Freiheit des Widerspruchs gesichert, so wäre sie allein durch die Fähigkeit, sich der Ordnung zu unterwerfen oder nicht zu unterwerfen, unfehlbar. Die Vortrefflichkeit des vernunftbegabten Geschöpfes besteht nicht in der Fähigkeit, sich außerhalb der Ordnung des Ganzen zu stellen, sondern in der Fähigkeit, sich diese Ordnung, in der man bleiben muss, selbst zu wollen; man hat nicht das Recht, von ihr abzuweichen.

"Wie es eine Ordnung in den aktiven Ursachen gibt, so gibt es auch eine in den finalen Ursachen, so dass der sekundäre Zweck vom Hauptzweck abhängt, wie das sekundäre Agens vom Hauptwesen abhängt. Ein Fehler tritt aber bei den aktiven Ursachen auf, wenn das Nebenagens aus der vom Hauptagens festgelegten Ordnung herausfällt; wenn also das Bein, weil es gebeugt ist, die von der appetitiven Tugend befohlene Bewegung nicht ausführt, verursacht dieser Fehler ein fehlerhaftes Gehen. So ist auch bei den letzten Ursachen jedes Mal, wenn der Nebenzweck von der Ordnung des Hauptzwecks abweicht, der Wille schuldig, auch wenn sein Gegenstand gut ist und einen Zweck darstellt. Aber jeder Wille will natürlich das eigentliche Gut des Wollenden, d.h. die Vollkommenheit des eigenen Wesens, und der Wille kann nicht das Gegenteil wollen. Daher kann es keinen Mangel des Willens bei dem geben, dessen eigentliches Gut der letzte Zweck ist, ein Zweck, der nicht unter der Ordnung eines höheren Zwecks enthalten ist, sondern unter dessen Ordnung alle anderen Zwecke enthalten sind. Das ist der Wille Gottes, dessen Wesen das höchste Gut ist, das der letzte Zweck ist. In Gott kann es also keinen Mangel des Willens geben. Aber in jedem anderen Wesen, das will, dessen eigenes Gut notwendigerweise unter der Ordnung eines anderen Gutes enthalten ist, kann dem Willen Sünde innewohnen. Denn obgleich die natürliche Neigung des Willens zu jedem, der will, gehört, seine eigene Vollkommenheit zu wollen und zu lieben, so dass man das Gegenteil nicht wollen kann, so ist diese Neigung doch nicht von Natur aus so beschaffen, dass sie seine Vollkommenheit ohne die Möglichkeit des Scheiterns einem anderen Zweck unterordnet, weil der höhere Zweck nicht seiner Natur, sondern einer höheren Natur eigen ist. Daher hängt es von seinem freien Willen ab, seine eigentliche Vollkommenheit dem übergeordneten Zweck unterzuordnen; denn Wesen, die mit einem Willen begabt sind, unterscheiden sich von solchen, denen dieser fehlt, dadurch, dass erstere sich selbst und das, was zu ihnen gehört, dem

Zweck unterordnen, weshalb man sagt, dass sie einen freien Willen haben; während andere Wesen sich nicht dem Zweck unterordnen, sondern ihm von einem übergeordneten Agens untergeordnet werden, sich also gleichsam nicht selbst auf diesen Zweck ausrichten."[47]

Ein Engel kann nicht von sich aus das Ziel seiner Person oder das allgemeine Gut, das seiner Natur eigen ist, nicht erreichen. Aber das Gut der Engelnatur ist nicht das höchste Gut, das Gott ist, wie er in sich selbst ist. Aber Gott befahl, dass die Engel sich auf dieses höchste Gut ausrichten sollten. Da der eigentliche Zweck der Engelsnatur in dieser Hinsicht den Charakter eines Zwecks hat, der auf einen höheren Zweck hin geordnet werden soll, und diese Ordnung durch die Natur des Handelnden nicht gewährleistet ist, kann sein Wille den höheren Zweck verfehlen, und folglich auch seinen eigentlichen Zweck nicht erreichen.

Wenn der Engel nicht *per se* fehlbar ist, außer in Bezug auf seinen übernatürlichen Zweck, so ist der Mensch im Gegenteil *per se* in der Lage, sogar seinen natürlichen Zweck zu verlieren. "Es gibt diesen Unterschied zwischen dem Menschen und[48] sogar innerhalb des Menschen gibt es eine Überlegenheit des Gutes des Intellekts über das Gut der Sinnesorgane. Die Vereinigung der intellektuellen Natur mit der vernünftigen Natur macht den Menschen einer gewissen Gegensätzlichkeit unterworfen. Die vernunftbegabte Natur strebt nach dem vernünftigen und privaten Gut; die intellektuelle Natur hat das Allgemeine und Gute zum Gegenstand, das nach ihrem eigenen Charakter der Güte verstanden wird, welcher Charakter sich vor allem im Gemeinwohl findet. Das Gut des Intellekts, aus dem der Mensch seine Würde als Mensch empfängt, wird nicht durch die eigene Natur des Menschen gesichert. Das sinnliche Leben ist zuerst in uns; wir können zu den Akten der Vernunft nur gelangen, indem wir durch die Sinne gehen, die, so betrachtet, ein Prinzip sind. Solange der Mensch nicht durch die zu erwerbenden Kardinaltugenden berichtigt ist, wird er vornehmlich zum Privatwohl gegen das Wohl des Verstandes hingezogen. Für den Menschen gibt es auch in der rein natürlichen Ordnung eine Freiheit der Gegensätzlichkeit, die ihn in Bezug auf die Erreichung seines Zwecks *per se* fehlbar macht. Um seine Würde zu erreichen, muss er sein Privatgut dem Gemeinwohl unterordnen.

Man könnte noch einwenden, dass, wenn die Würde des vernunftbegabten Geschöpfes an die Unterordnung unter Gott gebunden ist, von dem die Person alles empfängt, was sie ist, ihre Würde an keine Unterordnung unter andere Zwecke gebunden ist, wie hoch sie auch sein mögen. Daher ist diese Würde jeder anderen Unterordnung als der Unterordnung unter Gott vorgeordnet und unabhängig von der Ordnung der geschaffenen Dinge. Denn "wenn das Eigengut eines Wesens mehreren höheren Gütern untergeordnet ist, so steht es dem mit Willen begabten Agens frei, sich aus der mit einem dieser höheren Wesen verbundenen Ordnung zurückzuziehen und in einer anderen zu verbleiben, gleichviel ob diese andere höher oder niedriger ist."[49] erwidern wir, dass, wenn ein mit Willen begabtes Agens sein Eigengut einem höheren geschaffenen Gut unterordnen muss, dies nur insoweit geschehen kann, als dieses letztere selbst der göttlichen Ordnung angepasst ist. Daher kann der Untergebene gezwungen sein, sich von der Ordnung eines Oberen zurückzuziehen, wenn der Obere selbst von der Ordnung abweicht, der er folgen sollte. Solange aber der Vorgesetzte in der vorgeschriebenen Ordnung bleibt, ist er ein höheres Gut, dem sich der Untergebene unterordnen muss. "So kann z. B. der Soldat, der dem König und dem General des Heeres unterstellt ist, seinen Willen dem Gut des Generals und nicht dem des Königs unterordnen, und umgekehrt; wenn aber der General den vom König gegebenen Befehl übertritt, so wird der Wille des Soldaten gut sein, wenn er sich vom Willen des Generals löst und seinen Willen nach dem Willen des Königs richtet; er wird aber Unrecht tun, wenn er dem Willen des Generals gegen den Willen des Königs folgt; denn die Ordnung eines untergeordneten Prinzips hängt von der Ordnung des übergeordneten Prinzips ab."[50] Dennoch "wäre es Sünde in den getrennten Substanzen, wenn eine der niederen sich der Ordnung einer höheren Substanz entziehen würde, die letztere aber der göttlichen Ordnung unterworfen bleibt." Die Revolte des Unteren gegen den sich nicht unterordnenden Oberen ist also eine Revolte gegen die Unordnung.

Zweiter Einwand: Ordnung und Freiheit

Als solche betrachtet, stehen die freien Akte über und außerhalb der Ordnung des Universums, weil nur die Ursache des Seins als Ganzes in unserem Willen wirken kann. Daher sind Personen nicht, entsprechend dem Ganzen, das jede einzelne darstellt, in der Ordnung des Universums enthalten. Außerdem ist frei zu sein gleichbedeutend mit selbstverursacht zu sein. Daher muss die Person ihre Vollkommenheit aus sich selbst heraus haben und nicht aus dem Universum, von dem sie angeblich ein Teil ist.

Zur Beantwortung dieser Schwierigkeiten ist zunächst zu beachten, dass die freie Handlung kein Begriff an sich ist. Das freie Agens unterscheidet sich von dem rein natürlichen Agens dadurch, dass es sich selbst bewegt, um zu urteilen und auf einen Zweck zuzugehen, kraft eben dieses Urteils. Es ist Herr über sein eigenes Handeln um des Zweckes willen; es beherrscht nicht den Zweck als solchen. Sein Urteil muss gerecht sein; die Wahrheit dieses Urteils wird davon abhängen, ob der Streben mit dem Gut übereinstimmt, das der Zweck darstellt. Das Gut aber, für das das intelligente Geschöpf hauptsächlich handeln muss und von dem sein Urteil beherrscht werden muss, ist jenes Gut, das für das Geschöpf von Natur aus besser ist, d. h. das Gemeinwohl. Das Gemeinwohl aber ist wesentlich eines, an dem viele teilhaben können. Vor diesem Gut steht also jedes vernünftige Geschöpf als Teil. Das freie Handeln muss vom Handelnden selbst auf ein partizipiertes Gut hin geordnet werden.

Ferner erfordert die Vollkommenheit des Universums, dass es intelligente Geschöpfe gibt, und folglich Geschöpfe, die Herr über ihre eigenen Handlungen sind, die sich selbst zu ihrem Gut hinbewegen werden. Die Vollkommenheit des Gutes, dem sie folgen müssen, ist so beschaffen, dass sie sich selbst zu ihm hintragen müssen. Wenn die freie Handlung, an sich betrachtet, nicht als ein Teil des Universums gedacht werden kann, so muss sie doch schließlich auf einen Zweck hingeordnet sein, in Bezug auf den das intelligente Geschöpf den Charakter eines Teils hat. Aber der Zweck ist die erste der Ursachen.

Außerdem kann die Ordnung des Universums auf zwei Arten verstanden werden. Entweder ist es die Ordnung, die die Form des Universums ist: diese Form ist das intrinsische Gut des Universums; oder es ist die Ordnung des Universums zu seinem allerersten Prinzip - das getrennte Gut, das Gott ist. Die Ordnung des Universums ist für seine Ordnung zu dem getrennten Prinzip. Und da diese letztere Ordnung rein und einfach universell ist, umfasst sie sogar freie Handlungen; Gott regiert freie Agenten und ihre Handlungen ebenso, wie er in der Tat zufällige und kontingente Ereignisse regiert, die keine determinierte Ursache haben, die der Ordnung des Universums innewohnt. [51]

Sowohl das intrinsische Gut des Universums als auch das getrennte Gut haben den Charakter eines gemeinsamen Gutes. So ist das vernunftbegabte Geschöpf als ein Teil in Bezug auf eines von beiden zu betrachten; es kann nicht als Ganzes betrachtet werden, außer in Bezug auf das singuläre Gut der singulären Person. Aber um vollständig zu existieren, muss die Person teilnehmen. Es ist wahr, dass das Erreichen der Fülle von meiner Freiheit abhängt; aber die Fülle ist nicht voll wegen meiner Freiheit; mein freier Akt muss zu einer Fülle hingeordnet sein, die gemeinsam ist. Mein freier Akt ist mein eigener singulärer Akt; aber es ist nicht insofern, als er mein eigener ist, dass mein Zweck ein Zweck ist.

Auf den zweiten Teil des Einwandes erwidern wir, dass der Satz "*liberum est quod causa sui est*" nicht so zu verstehen ist, dass der freie Agent die Ursache seiner selbst ist, oder dass er als solcher die Vollkommenheit ist, für die er handelt, sondern dass er vielmehr durch seinen Verstand und Willen selbst die Ursache seiner Handlung für den Zweck ist, zu dem er berufen ist. Man könnte auch sagen, dass er Ursache seiner selbst in der Linie der letzten Ursache ist, insofern er sich selbst zu dem Zweck hinträgt, zu dem er als intelligentes und freies Mittel berufen ist, also nach den Prinzipien selbst seiner Natur. Dieser Zweck aber besteht vornehmlich im Gemeinwohl. Der Handelnde wird umso freier und edler sein, je vollkommener er sich nach dem Gemeinwohl ausrichtet. Man sieht also, wie das letztere das erste Prinzip unseres freien Zustandes ist. Der freie Agent würde sich in den Zustand eines Sklaven versetzen, wenn er von sich aus nicht anders handeln könnte oder wollte als für das singuläre Wohl seiner Person. Der Mensch behält nicht weniger seinen freien Zustand, wenn er sich durch seine eigene Vernunft und seinen eigenen Willen einer Vernunft und einem Willen unterwirft, die höher stehen. So ist es, dass bürgerliche Untertanen als freie Menschen für das Gemeinwohl handeln können.

Man könnte den ersten Teil des Einwandes noch weitertreiben: nicht nur ist der freie Akt außerhalb des Universums, sondern jedes intelligente Geschöpf kann den Begriff seines freien Gedankens für sich behalten und vor allen anderen verbergen: Gott allein kennt die Geheimnisse des Herzens. So kann jedes geschaffene Wesen für sich selbst ein Universum von Objekten schaffen, das radikal unabhängig ist, und kann sich selbst frei aus der Ordnung des Universums zurückziehen. Zeigt dies nicht am deutlichsten die souveräne Vollkommenheit der Person? Hier handelt es sich um etwas, das die Person allein betrifft, und das Universum nicht im Geringsten.

Wir erwidern, dass weder die Fähigkeit, einen Gegenstand außerhalb einer Ordnung zu behalten, noch der so behaltene und als solcher genommene Gegenstand als Zweck angesehen werden kann. Auch die Geheimnisse des Herzens müssen dem Gemeinwohl angepasst und geordnet sein; sie sind nur Mittel; sie müssen immer der von Gott aufgestellten Ordnung angepasst sein. Auch in unseren geheimen Gedanken sind wir selbst nicht die oberste Herrschaft; sonst wären diese geheimen Gedanken gut, einfach weil sie unser einziger Besitz sind, und weil sie nur uns betreffen. Wenn der Narr in seinem Herzen sagt: Es gibt keinen Gott, oder wenn er sagt: mein eigenes singuläres Gut ist besser als jedes allgemeine Gut; wenn er sich so aus aller Ordnung zurückzieht, ist er in keiner Weise durch seine Singularität geschützt: er wird der Unordnung unterworfen sein, in die er sich selbst gestellt hat.

sprechen von dem Guten, und die Einteilung des Guten ist nicht die des Seins. "Es ist wegen seines substanziellen Seins, dass man von jedem Ding sagt, es sei absolut (*simpliciter*); wohingegen es wegen der über die Substanz hinaus hinzugefügten Taten gesagt wird, ein Ding sei in gewisser Hinsicht (*secundum quid*). ....Aber das Gute hat den Begriff der Vollkommenheit, die wünschenswert ist, und folglich hat es den Begriff des Zieles. Deshalb wird das Wesen, das seine letzte Vollkommenheit besitzt, als absolut gut bezeichnet; aber das Wesen, das die ihm zukommende letzte Vollkommenheit nicht besitzt, obwohl es eine gewisse Vollkommenheit dadurch hat, dass es im Akt ist, wird dennoch nicht als absolut vollkommen und auch nicht als absolut gut bezeichnet, sondern als in einer bestimmten Hinsicht."[53]

Wenn man außerdem, um die Überlegenheit eines Gutes zu bestimmen, sich auf seine Verbindung mit uns nach unserer absolut betrachteten Substanz stützen würde, müsste man daraus schließen, dass jedes Ding sich selbst über alles liebt, und dass die Liebe zum singulären Gut das Maß für das gemeinsame Gut ist. Das würde außerdem voraussetzen, dass die geschaffenen Personen in erster Linie Ganzheiten, Absolute sind, und dass für sie das "Teil-Sein" sekundär ist. Aber das ist nicht der Fall. Wir sind in erster Linie und prinzipiell Teile des Universums. Aus diesem Grund lieben wir natürlich und in höherem Maße das Wohl des Ganzen. "In den natürlichen Dingen ist jedes Wesen, das seiner Natur nach und in seinem Wesen von einem anderen ist (*quod secundum naturam hoc ipsum quod est alterius est*), prinzipiell und mehr zu dem geneigt, von dem es sein Wesen hat (*id in cuius est*), als zu sich selbst. Und diese natürliche Neigung zeigt sich in den Dingen, die natürlich vorkommen; denn, wie im zweiten Buch der *Physik* gesagt wird, wird jedes Wesen mit der Neigung oder Eignung geboren, so zu handeln, wie es natürlich handelt. Denn wir sehen, dass der Teil sich auf natürliche Weise der Erhaltung des Ganzen aussetzt, wie z.B. die Hand, die sich dem Schlag aussetzt, ohne Absicht, für die Erhaltung des Körpers als Ganzes." Man mag einwenden, dass dies bei Dingen und Handlungen der Fall ist, soweit sie natürlich sind, dass es aber bei Handlungen, die frei und nicht von Natur aus vollzogen werden, anders ist. Aber lesen wir, was unmittelbar auf den soeben zitierten Text folgt: "Und weil die Vernunft die Natur nachahmt, finden wir eine ähnliche Neigung in den politischen Tugenden: es ist die Handlung eines tugendhaften Bürgers, sich der Gefahr des Todes auszusetzen, um die Republik zu erhalten; und wenn der Mensch ein natürlicher Teil der Stadt wäre, würde ihm diese Neigung natürlich sein."[54] Weil der Mensch in seinem Wesen von einem anderen ist, ist er radikal abhängig, radikal ein Teil *primo et per se*. Und folglich ist er prinzipiell und in höherem Maße zu dem geneigt, an dem er in seinem Wesen teilhat.

Es ist dieses Prinzip, das zuerst in der Natur und in den politischen Tugenden, die die Natur nachahmen, beobachtet wird, das als Grundlage für die Schlussfolgerung dient, dass wir Gott gemäß der natürlichen Liebe mehr lieben als uns selbst."... Das Wesen und die Substanz des Teils ist, gerade weil es ist, was es ist, zuerst und wesentlich für das Ganze und das Sein des Ganzen. Es ist offensichtlich, dass dies auf jedes Geschöpf zutrifft, wenn man es im Verhältnis zu Gott betrachtet. Denn jedes Geschöpf ist seiner Natur nach ein natürlicher Teil des Universums und liebt deshalb von Natur aus das Universum mehr als sich selbst, wird es *a fortiori* das universale Gut selbst noch mehr lieben, weil es größer ist als das Universum als Ganzes; oder weil es ganz und gar gut ist; oder weil das universale Gut, das Gott in seiner Herrlichkeit ist, das Ziel und das Gut des Universums selbst ist, und folglich wird, wer das Universum mehr liebt, auch Gott mehr lieben. Wir sehen dies im Fall der Armee und gegen ihren Anführer, nach der Lehre des Buches XII der *Metaphysik* (c. 10)."[55]

Wäre es anders, so wäre die natürliche Liebe pervers. Und im politischen Bereich z. B. hätte die Aufopferung der einzelnen Person für das Gemeinwohl ihr Prinzip und gegen ihren Begriff in der Liebe zum Eigengut der singulären Person.[56] Alle Liebe würde sich auf das Partikulare beschränken. Nachdem man das Gemeinwohl als ein fremdes Gut identifiziert hat und bedenkt, dass man sich selbst mehr lieben muss als den Nächsten, müsste man zu dem Schluss kommen, dass es notwendig ist, das eigene Partikulargut mehr zu lieben als jedes Gemeinwohl, und dieses letztere wäre nur insofern liebenswert, als es auf das eigene Partikulargut reduziert werden kann. Es ist sehr wahr, dass "der Teil das Gut des Ganzen liebt, wie dieses Gut ihm [d.h. dem Teil] angemessen ist; aber nicht so, dass der Teil das Gut des Ganzen sich selbst befiehlt, sondern weil er sich selbst dem Gut des Ganzen befiehlt."[57]

Man könnte, sich auf den Philosophen stützend (*IX Ethic.*, Kap. 4 und 8), diesen Einwand weiter treiben: "Das Zeugnis der Freundschaft, das man anderen gegenüber ablegt, ist nur ein Zeugnis der Freundschaft, das man sich selbst gegenüber ablegt. Auf diesen Einwand erwidert der heilige Thomas, "dass der Philosoph hier vom Zeugnis der Freundschaft spricht, das man einem anderen gibt, in dem das Gut, das Gegenstand der Freundschaft ist, in irgendeiner besonderen Weise zu finden ist: er spricht nicht vom Zeugnis der Freundschaft, das man einem anderen gibt, in dem das betreffende Gut durch das Gut des Ganzen bedingt ist."[58] Deshalb ist in der politischen Ordnung jede bürgerliche Freundschaft, die dem Gemeinwohl vorgeordnet ist, ein Prinzip der Korruption; sie ist eine Verschwörung gegen das Gemeinwohl, wie man es bei Politikern sieht, die unter dem Vorwand der bürgerlichen Freundschaft ihre privaten Freunde begünstigen.

Und wenn nach der natürlichen Liebe jedes Wesen sein eigenes Gut am meisten liebte und das allgemeine Gut als sein besonderes Gut, so könnte die Nächstenliebe die natürliche Liebe nicht vervollkommnen; sie wäre ihr zuwider und würde sie zerstören. [59]

Sechster Einwand: Einsamkeit und das spekulative Leben

Die praktische Ordnung ist ganz der spekulativen Ordnung untergeordnet. Das vollkommene Glück aber besteht im spekulativen Leben. Das spekulative Leben aber ist solitär. Darum ist das praktische Glück der Gesellschaft dem spekulativen Glück des einzelnen Menschen untergeordnet.

Wir erwidern, dass das praktische Glück der Gemeinschaft nicht *per se* auf das spekulative Glück der einzelnen Person, sondern auf das spekulative Glück der Person, die als Mitglied der Gemeinschaft betrachtet wird, hingeordnet ist.[60] Denn es wäre widersprüchlich, wenn ein gemeinsames Gut *an sich* auf die einzelne Person als solche hingeordnet wäre. Es ist sehr wahr, dass das spekulative Leben einsam ist, aber es bleibt auch wahr, dass selbst die höchste Seligkeit, die in der Anschauung Gottes besteht, wesentlich ein gemeinsames Gut ist. Dieser scheinbare Gegensatz zwischen dem einsamen Leben und dem gemeinsamen Gut, das der Gegenstand dieses Gutes ist, erklärt sich daraus, dass dieses Glück entweder von Seiten derer, die es genießen, oder von Seiten des Gegenstandes des Genusses selbst betrachtet werden kann. Das Objekt ist von sich aus für viele mitteilbar. Unter diesem Aspekt ist es das spekulative Gut der Gemeinschaft. Das praktische Gemeinwohl muss diesem spekulativen Gut, das die Personen als Gemeinwohl erreicht, untergeordnet sein. Die Unabhängigkeit der Personen voneinander in der Anschauung selbst hindert das Objekt nicht daran, jene Universalität zu haben, die für jeden geschaffenen Intellekt eine wesentliche Mitteilbarkeit für viele bedeutet. Die Unabhängigkeit, weit davon entfernt, die Mitteilbarkeit auszuschließen oder von ihr zu abstrahieren, setzt diese voraus.

Siebter Einwand: Das Gut der Gnade und das Gut des Universums

Man könnte auch einwenden, dass "das Wohl der Gnade eines einzelnen Individuums größer ist als das Wohl der Natur des gesamten Universums"[61], um daraus zu schließen, dass das intrinsische Gemeinwohl des

Universums, seiner Natur entsprechend betrachtet, dem Wohl der singulären Person untergeordnet ist.

Dieser Einwand beruht auf einer Überschreitung der Gattungen, die nur einen zufälligen Vergleich zulässt. Es ist zu beachten, dass der hl. Thomas nicht das Gnadengut einer einzelnen Person dem Gnadengut der Gemeinschaft gegenüberstellt, sondern dem Naturgut des Universums. Und wenn das geistige Gut der Person höher ist als jedes geschaffene Gemeinschaftsgut, und wenn die Person gemäß diesem geistigen Gut sich selbst mehr lieben muss, so folgt daraus keineswegs, dass das geschaffene Gemeinschaftsgut als solches der singulären Person untergeordnet ist. Wiederum impliziert das geistige Gut des Menschen eine wesentliche Beziehung zu dem abgesonderten Gemeinwohl, und in dieser Ordnung hat der Mensch mehr den Charakter eines Teils als irgendwo sonst. Das übernatürliche Gut der singulären Person ist wesentlich dem übernatürlichen Gemeinwohl untergeordnet, und zwar so sehr, dass man nicht unterscheiden kann zwischen der übernatürlichen Tugend des Menschen und der übernatürlichen Tugend, die dem Menschen insofern zukommt, als er ein Teil der himmlischen Stadt ist.

Achter Einwand: Das Bild Gottes und die Gesellschaft

Der einzelne Mensch ist Ebenbild Gottes. Aber keine Gesellschaft ist wirklich nach dem Bilde Gottes.[62] Deshalb ist die singuläre Person schlicht und einfach jeder Gesellschaft überlegen.

Wie die vorangegangenen setzt auch dieser Einwand eine kollektivistische Interpretation unserer Vorstellung von Gesellschaft voraus. Aber in Wahrheit ist die Gesellschaft keine von ihren Mitgliedern trennbare Entität; sie besteht aus Personen, die nach dem Bilde Gottes geschaffen sind. Und es ist diese Gesellschaft, die aus Personen besteht, und nicht irgendeine abstrakte Entität, die die Hauptabsicht Gottes ist. Dass ihre Glieder das Ebenbild Gottes sind, ist ein Zeichen für die Vollkommenheit des Ganzen, das sie bilden. Warum hat Er eine geordnete Vielzahl von Personen geschaffen und nicht nur eine Person? Ist die göttliche Güte nicht auffälliger in einer Vielzahl und einer Ordnung von vernünftigen Geschöpfen als in einer einzelnen Person als solcher? Wird die Wahrheit nicht im kontemplativen Leben einer Gemeinschaft vollständiger mitgeteilt als im kontemplativen Leben einer einzelnen Person? Hat die Seligkeit nicht den Charakter eines gemeinsamen Prinzips? Verhindert die Unkommunizierbarkeit der Personen im Akt der Anschauung, dass das Objekt universell ist? Und bezieht sich die Liebe, die dieses Objekt erweckt, auf das universale Gut als solches oder auf das

Gut, insofern es sich eine einzelne Person zu eigen machen könnte? Und ist dieses Gut wie ein minderwertiges Allgemeingut, dessen Verteilung eine Teilung seiner selbst und eine Partikularisierung zur Folge hat, in der es dem Teil als solchem gehört und seinen Charakter des Gemeinsamen verliert?

Erinnern wir uns noch einmal daran, dass das gemeinsame Gut in seiner Überfülle und in seiner Inkommensurabilität mit dem singulären Gut als gemeinsam bezeichnet wird. Das eigentliche göttliche Gut ist so groß, dass es nicht einmal das eigentliche Gut der ganzen Schöpfung sein kann; letztere wird immer in irgendeiner Weise den Charakter eines Teils haben. Es ist sehr wahr, dass die einzelne Person angesichts des gemeinsamen Gutes sagen kann, dass es "mein" ist, aber das bedeutet nicht, dass es der Person als singuläres Gut angeeignet wird. Das Gut, das die Person "meins" nennt, ist kein Zweck für die Person. Wäre es das, wäre das Gut, das die Person selbst konstituiert, ihr eigener Zweck. "Wenn man sagt, dass der Engel Gott insofern liebt, als Gott für ihn ein Gut ist, so ist, wenn 'insofern' Zweck bedeutet, der Satz falsch; denn der Engel liebt Gott natürlich nicht für sein eigenes Gut, sondern für Gott selbst. Wenn aber 'insofern' den Grund für die Liebe auf der Seite des Liebenden bedeutet, dann ist der Satz wahr; denn es könnte nicht die Natur eines Menschen sein, Gott zu lieben, es sei denn, weil er von dem Gut, das Gott ist, abhängig ist. "[63]

Neunter Einwand: Die Gesellschaft und die Gesamtheit des Menschen

"... Der Mensch ist der politischen Gesellschaft nicht nach seinem ganzen Wesen und nach dem, was ihm gehört, untergeordnet."[64]

Aus diesem isolierten Text wird der Schluss gezogen, dass die politische Gesellschaft letztlich der singulären, als solche betrachteten Person untergeordnet ist. Und wer es wagt, dieser kruden Schlussfolgerung im Namen des Personalismus zu widersprechen, gilt als totalitär. Aber, wie wir gesehen haben, widerspricht es dem Wesen des Gemeinwohls, als solches einem Singular untergeordnet zu sein, es sei denn, dieser Singular hat selbst den Charakter eines Gemeinwohls. Der hl. Thomas meint nur, dass der Mensch nicht allein der politischen Gesellschaft untergeordnet ist. Der Mensch ist nicht seinem ganzen Wesen nach ein Teil der politischen Gesellschaft, da das Gemeinwohl der letzteren nur ein untergeordnetes Gemeinwohl ist. Der Mensch ist zu dieser Gesellschaft nur als Bürger bestellt. Obwohl der Mensch, das Individuum, das Familienmitglied, der Staatsbürger, der Himmelsbürger usw. ein und dasselbe Subjekt sind, sind sie formal verschieden. Der Totalitarismus identifiziert die Formalität "Mensch" mit der Formalität "Bürger". Für uns dagegen sind diese Formalitäten nicht nur verschieden, sondern sie sind einander nach der Ordnung der Güter selbst untergeordnet. Und es ist die Ordnung unter den Gütern, den letzten und ersten Ursachen, und nicht der Mensch einfach als solcher, der das Prinzip der Ordnung unter diesen Formalitäten eines einzigen Subjekts ist. Der Personalismus kehrt diese Ordnung der Güter um; er macht die minderwertigste Formalität des Menschen zum höchsten Gut. Was die Personalisten unter Person verstehen, ist in Wahrheit das, was wir unter einem reinen Individuum, ganz materiell und substanziell, in sich geschlossen, verstehen; und sie reduzieren die vernünftige Natur auf die vernünftige Natur, die das private Gut zum Gegenstand hat.

Der Mensch kann sich nicht allein auf das Wohl der politischen Gesellschaft richten; er muss sich auf das Wohl jenes Ganzen richten, das vollkommen allgemeingültig ist, auf das jedes minderwertige Gemeinwohl ausdrücklich gerichtet sein muss. Das Gemeinwohl der politischen Gesellschaft muss ausdrücklich nach Gott geordnet werden, sowohl von dem Hauptbürger als auch von dem Bürger, der ein Teil davon ist, jeder nach seiner eigenen Art. Das Gemeinwohl selbst erfordert diese Weihe. Ohne diese ausdrückliche und öffentliche Ordination degeneriert die Gesellschaft zu einem Zustand, der in sich selbst erstarrt und verschlossen ist.

Zehnter Einwand: Die Stadt ist für den Menschen

"Die Stadt existiert für den Menschen, nicht der Mensch für die Stadt".[65]

Um diesen Text zu einem echten Einwand gegen unsere Position zu machen, müsste man ihn so übersetzen: "Das Gemeinwohl der Stadt existiert für das Privatwohl des Menschen." Darauf könnten wir als Antwort die unmittelbare Fortsetzung desselben Textes anführen: "Dies ist jedoch nicht so zu verstehen, wie der individualistische Liberalismus behauptet, dass die Gesellschaft dem egoistischen Nutzen des Einzelnen untergeordnet ist."

Die Stadt existiert für den Menschen. Dies muss in zweierlei Hinsicht verstanden werden. Erstens muss die Stadt, als Organisation im Hinblick auf das Gemeinwohl betrachtet, ganz diesem Gut unterworfen sein, insofern es gemeinschaftlich ist. So betrachtet, hat sie keinen anderen Daseinsgrund als das Gemeinwohl. Aber dieses Gemeinwohl selbst ist für die Mitglieder der Gesellschaft; nicht für ihr privates Wohl als solches; es ist für die Mitglieder als Gemeinwohl. Und da es ein Gemeinwohl der vernünftigen Naturen ist, muss es der Vernunft entsprechen; es muss sich nach den vernünftigen Naturen richten, soweit sie vernünftig sind. Die Stadt ist nicht, sie kann nicht sein, ein in sich selbst geronnenes und geschlossenes "für sich", das als Singular anderen Singularen gegenübersteht; ihr Gut darf kein anderes sein als das ihrer Glieder. Wäre das Gemeinwohl das Gut der Stadt, wie letztere zufällig eine Art Individuum ist, so wäre es gerade dadurch ein partikulares Gut und den Mitgliedern der Gesellschaft eigentlich fremd. In der Tat müsste man einer solchen Organisation, die ihren Mitgliedern gestohlen ist, Verstand und Willen zuschreiben. Die Stadt wäre dann ein anonymer Tyrann, der den Menschen versklavt. Der Mensch wäre für die Stadt da. Dieses Gut wäre weder ein Gemeinwohl noch ein Gut der Vernunftnatur. Der Mensch wäre einem fremden Gut unterworfen. -Zweitens ist die Stadt, wie das gemeinsame Gut der Stadt, für den Menschen in dem Sinne, dass der Mensch Formalitäten hat, die ihn zu höheren gemeinsamen Gütern bestellen, Formalitäten, die im Menschen höher sind als die, die ihn zum gemeinsamen Gut der Stadt bestellen. Diese Identität eines Subjekts mit verschiedenen Formalitäten kann zu Verwirrung führen. Das private Gut und das Gemeinwohl sind beides Güter des Menschen. Doch nicht jedes Gut des Menschen ist ein Gut des Menschen, einfach als Mensch betrachtet. Das Gut des Menschen, einfach als solches betrachtet, ist nach der Bedeutung, die der heilige Thomas in den bereits zitierten Texten[66] gibt, nichts anderes als das Gut, das ihm als Individuum betrachtet gehört. Das Gemeinwohl kann diesem einfach als solchen betrachteten Menschen niemals untergeordnet werden. Die Formalität "Mensch als bloßer Mensch betrachtet" kann nicht mit der Formalität "Bürger" identifiziert werden, wie sie auch nicht mit dem Subjekt "Mensch" identifiziert werden kann. Wenn wir also von einem dem Menschen untergeordneten Gemeinwohl sprechen, so kann dies nur aufgrund einer Formalität geschehen, die auf ein übergeordnetes Gemeinwohl blickt. In diesem Sinne kann nur das vollkommenste Gemeinwohl dem Menschen nicht untergeordnet werden.

Wenn wir ferner sagen, dass das Gemeinwohl niemals als eine reine Erweiterung des Gutes des Menschen in seiner Einzigartigkeit betrachtet werden kann, so dass das Gemeinwohl nur ein Umweg wäre, um zum Einzelgut zurückzukehren, so meinen wir damit nicht, dass das Einzelgut verachtenswert ist, dass es nichts ist.[67]

* * *

Die meisten dieser Einwände spielen auf eine Überschreitung der Gattungen an und nutzen das *per accidens* aus. Aus der Tatsache, dass irgendein privates Gut besser ist als irgendein allgemeines Gut, wie z. B. die Jungfräulichkeit besser ist als die Ehe, wird gefolgert, dass irgendein privates Gut, als privates Gut betrachtet, besser ist als irgendein allgemeines Gut, als allgemeines Gut betrachtet; dass das private Gut als solches einen Vorrang haben kann, der das allgemeine Gut als solches übersteigt; dass man also ein privates Gut einem allgemeinen Gut vorziehen kann, weil es privat ist. Was wäre leichter, als mit dieser Methode alle ersten Prinzipien zu leugnen?

So versucht man, einen Satz zu verwerfen, der allein durch die Mitteilung des Gemeinwohls selbst *per se nota* ist.

Personalismus und Totalitarismus

Jacques de Monleon machte diese Bemerkung über den Personalismus: "Man beachte, dass die sogenannten Personalisten, die die Person über das Gemeinwohl stellen, in letzterem nicht mehr das Band zwischen den Personen finden können. Und so ersetzen sie dieses Band durch ein anderes, eine schäbige Brüderlichkeit, die die Personen sofort unter sich vereinen soll; als ob jede Person ein gemeinsames Gut für alle anderen wäre. Das läuft darauf hinaus, jeden Bürger zum Tyrannen zu machen, *amans seipsum magis quam civitatem*." Doch das war das Ideal von Marx. In der letzten Phase des Kommunismus setzt sich jeder Einzelne an die Stelle des Gemeinwohls, eignet sich "sein vielgestaltiges Wesen als vollständiger Mensch" an; der einzelne Mensch "wird zum Gattungsmenschen geworden sein"; jeder Einzelne wird für sich selbst zum Gut seiner Art. "Es wird das wirkliche Ende des Streites ... zwischen dem Individuum und der Gattung sein." Das Gemeinwohl wird nicht mehr vom Einzelwohl unterschieden sein, und der Einzelne wird selbst zum ersten Prinzip der sozialen Ordnung und aller politischen Macht werden; als Gattungswesen "wird er seine eigenen Kräfte als soziale Kräfte erkennen und sie selbst als solche organisieren, ...er wird die soziale Kraft im Forum der politischen Macht nicht mehr von sich getrennt machen."[68] Aber diese "integrale Entwicklung des Individuums" kann nicht ohne die Komplizenschaft der verwirrten Massen vollzogen werden; das Ich kann nicht ganz allein den Totalitarismus seiner selbst errichten; es muss eine Bruderschaft der Menschen geben, eine Bruderschaft, die aus der Selbstliebe und aus dem Bedürfnis nach anonymer Macht geboren ist, blind und gewalttätig, um dieses *Ich* zu verwirklichen, das sein eigener Zweck ist. Eine in ihrem Zynismus sehr logische Bruderschaft: Das Hindernis, das der andere Mensch darstellt, der ebenfalls nur für sich selbst handelt, wird durch die Verwirrung des letzteren in der unbestimmten Masse überwunden. In diesem Kessel kann jeder alle anderen sich untertan machen, ohne dass jemand Diener ist.

Mit ihrem falschen Begriff des Gemeinwohls sind die Personalisten im Grunde in Übereinstimmung mit denen, deren Irrtümer sie zu bekämpfen glauben. Dem Individualismus setzen sie die Großzügigkeit der Person und eine jedem Gemeinwohl äußerliche Brüderlichkeit entgegen und empfehlen sie, als ob das Gemeinwohl sein Prinzip in der Großzügigkeit der Personen hätte; als ob das Gemeinwohl nicht das allererste Prinzip wäre, für das die Personen handeln müssen. Dem Totalitarismus setzen sie die Überlegenheit des Person-Ganzes und ein auf den Zustand eines Partikulargutes von Personen reduziertes Gemeinwohl entgegen. Ihr Protest erfolgt nicht im Namen der Person als Bürger, sondern im Namen des Bürgers als Person, als ob die Person in der Ordnung des Gemeinwohls nicht größer wäre als in der Ordnung des persönlichen Gutes.

In der Tat macht sich der Personalismus den totalitären Begriff des Staates zu eigen. In totalitären Regimen wird das Gemeinwohl singularisiert, und es wird als ein mächtigerer Singular den Singularen gegenübergestellt, die rein und einfach unterworfen sind. Das Gemeinwohl verliert seinen unverwechselbaren Charakter; es wird fremd. Es wird diesem Ungeheuer moderner Erfindung untergeordnet, die man den Staat nennt, nicht den Staat als Synonym der Zivilgesellschaft oder der Stadt, sondern den Staat, der eine Stadt bedeutet, die als eine Art physische Person eingerichtet ist. Denn man beachte, dass die Person, "individuelle Substanz einer vernünftigen Natur", von der bürgerlichen Gesellschaft nur durch eine Metapher, nicht durch eine Analogie gesagt werden kann. [69] In dieser Reduktion der sittlichen Person auf eine physische Persönlichkeit verliert die Stadt ihren Grund, eine Gemeinschaft genannt zu werden. Das, was dem Gemeinwohl geschuldet ist, wird zu etwas, das dem singulären Gut geschuldet ist, zu einem Singular, der alles sich selbst anordnet. Die rechtliche Gerechtigkeit ist zerstört. Weil er sich von der Gemeinschaft des Gemeinwohls abgewandt hat, erlangt der Staat den Status der Person des Personalisten. Er verliert jede Weihe an ein übergeordnetes Gemeinwohl, "so dass man den gemeinsamen Grund, ein Staat zu sein, für den Zweck hält, der der Ruin einer wohlgeordneten Republik ist."[70]

Diese Art von Staat entsteht entweder, wenn sich sein Führer in der Gestalt eines Gliedes der Gesellschaft das Gemeinwohl als sein eigenes aneignet, oder wenn die moralische Persönlichkeit der Gesellschaft zu einer physischen Person aufgerichtet wird. In beiden Fällen ist der Staat eine den Individuen fremde Macht, eine Entfremdungsmacht, gegen die sich die Subjekte unablässig zur Wehr setzen müssen. Diese totalitäre Konzeption etabliert eine Spannung zwischen Person und Gesellschaft, einen unvermeidlichen Konflikt und eine Konkurrenz, die sich manche Soziologen als ein Prinzip der Fruchtbarkeit vorstellen. Die Gesellschaft ist also offen totalitär, wenn der Staat durch den Sieg über die Individuen Freiheit erlangt; sie ist offen individualistisch, wenn die Individuen den Staat beherrschen. Aber in beiden Fällen ist die Konzeption der Stadt personalistisch und totalitär.

Kurz, der in diesem Sinne verstandene Staat, d.h. als eine in sich selbst geronnene und geschlossene Stadt, ist von Natur aus tyrannisch. Er singularisiert das Gemeinwohl; er leugnet seine Gemeinschaft. Im Freiheitszustand dieses Staates wird der Gehorsam zum Ersatz für die gesetzliche Gerechtigkeit gemacht, die den Bürger-Subjekten zusteht. [71] Der Staat absorbiert die Bürger und ersetzt an ihrer Stelle einen abstrakten Bürger, zusammen mit einer abstrakten Freiheit. [72]

Der totalitäre Staat, auf der Negation des Gemeinwohls gegründet und als Person für sich selbst erhoben, kann nicht auf ein übergeordnetes Gemeinwohl gestellt, nicht auf Gott verwiesen werden. Die Negation des Begriffs des Gemeinwohls selbst und seines Primats ist eine Negation Gottes. Indem man die Universalität des Zwecks leugnet, zu dem der Mensch bestellt ist, leugnet man die Würde, die der Mensch aus dieser Bestellung erhält, und man lässt ihm nichts als seine unveräußerliche Persönlichkeit, die er mit in die Hölle nehmen kann, *ubi nullus ordo.* Selbst die Marxisten können den Ruhm dieser unbesiegbaren Seele besingen.

Wenn diejenigen, in deren Obhut das Gemeinwohl liegt, es nicht ausdrücklich Gott befehlen, ist die Gesellschaft dann nicht an ihrer Wurzel verdorben? Warum verlangt man nicht prinzipiell und als wesentliche Bedingung, dass die Führer der Gesellschaft Menschen sind, die rein und einfach gut sind? Wie kann man zugeben, dass ein schlechter Mensch ein guter Politiker sein kann? Gewiss, es ist nicht neu, dass Untertanen von schlechten Männern regiert werden, Männern, denen man in den Dingen, die zu ihrer Autorität gehören, dennoch Gehorsam schuldet. [73] Was jedoch neu ist, ist die Art und Weise, wie man sie annimmt und verteidigt. Wenn der Politiker in Wahrheit alle sittlichen Tugenden und die Klugheit besitzen muss, ist das nicht deshalb so, weil er an der Spitze steht und alle Dinge zum Gemeinwohl der politischen Gesellschaft und diese zu Gott hin beurteilen und ordnen muss? Die politische Klugheit regiert das Gemeinwohl, insofern letzteres göttlich ist. Aus diesem Grund hielten Cajetan und Johannes von St. Thomas die gesetzliche Gerechtigkeit des Fürsten für vollkommener als die Tugend der Religion. [74] Zweifellos sind die Gründe, warum wir das Gemeinwohl nicht kennen, dieselben, aus denen wir die politische Klugheit nicht kennen. "Wir haben uns zu lange über die Rolle des Intellekts geirrt. Wir haben die Substanz des Menschen vernachlässigt. Wir haben geglaubt, dass die Tugendhaftigkeit niedriger Seelen zum Triumph edler Ursachen beitragen könnte, dass kluger Egoismus den Geist des Opfers erheben könnte, dass

Trockenheit des Herzens durch den Wind des Diskurses Brüderlichkeit oder Liebe finden könnte. "[75]

Der Intellekt hat sich den Sinnen unterworfen, den Sinnen, die an das singuläre Gut genietet sind. Der Konflikt, der zwischen dem Menschen und der Gesellschaft besteht, kommt nicht von der Vollkommenheit der Person, auch nicht von einem vermeintlichen Gemeinwohl, das der Person entgegengesetzt ist; er kommt richtig vom vernünftigen Teil des Menschen, von der Revolte dieses minderwertigen Teils des Menschen gegen das Gut des Intellekts. Was den Verstand als solchen betrifft, so ist die Ordnung zum Gemeinwohl so natürlich, dass ein reiner Verstand im reinen Naturzustand nicht davon abweichen kann. In der Tat haben sich die gefallenen Engel, zur übernatürlichen Ordnung erhoben, zwar vom Gemeinwohl abgewandt, aber von jenem Gemeinwohl, das das göttlichste ist, nämlich der übernatürlichen Seligkeit, und nur als Folge davon verloren sie ihr natürliches Gemeinwohl. Die gefallenen Engel ignorierten durch eine praktische Unwissenheit (*ignorantia electionis*) das Gemeinwohl der Gnade; wir dagegen sind so weit gekommen, dass wir jedes Gemeinwohl auch spekulativ ignorieren. [76] Da das Gemeinwohl, und nicht die Person und die Freiheit, das eigentliche Prinzip allen Rechts, aller Rechte, aller Gerechtigkeit und aller Freiheit ist, führt ein spekulativer Irrtum darüber fatalerweise zu den abscheulichsten praktischen Folgen.

II

DAS PRINZIP DER NEUEN ORDNUNG[77]

Non est enim ista sapientia desursum descendens; sed terrena, animalis, diabolica. Jac. III, 15.

Angeli autem boni, cognoscentes creaturam, non in ea figuntur, quod esset tenebrescere et noctem fieri; sed hoc ipsum referunt ad laudem Dei, in quo sicut in principio omnia cognoscunt. Ia pars, q. 58, a. 6, ad 2.

Et (angelo) se cognito, non in seipso permansit, quasi seipso fruens et in se finem ponens--sic enim nox factus esset, ut angeli qui peccaverunt--sed cognitionem suam in Dei laudem retulit. Q. D. de Verit., q. 8, a. 16, ad 6.

Laut Ihrem Programm sollte ich zu Ihnen über "Philosophie und Ordnung in den internationalen Beziehungen" sprechen. Eigentlich wurde ich gebeten, Ihnen als Diskussionsgegenstand das folgende Problem vorzulegen: "Metaphysik und internationale Ordnung". Ich muss Sie darauf aufmerksam machen, weil das Thema, mit dem ich mich tatsächlich befassen werde, von dem eben genannten zweiten Thema so weit entfernt ist, wie letzteres von dem erstgenannten Thema.

Das Problem der internationalen Ordnung ist nicht wirklich ein Problem der Metaphysik, sondern der politischen Wissenschaft und der politischen Klugheit. Unter den spekulativen Wissenschaften wird sogar die Naturphilosophie näher dran sein als die Metaphysik. Dennoch ist es bezeichnend, dass die radikalste und kohärenteste Doktrin der internationalen Revolution immer darauf bedacht ist, die Metaphysik als ihr absolutes Gegenteil anzugreifen.[78] Die Emanzipation des politischen Lebens führte notwendig zu diesem Ergebnis. Wenn die Politik eine bestimmte Weisheit ist, wenn sie in der praktischen Ordnung, die architektonische Wissenschaft ist, so ist sie doch keine absolute Weisheit, sondern muss untergeordnet bleiben. Sie konnte sich nicht emanzipieren, außer durch die Verneinung aller Unterordnung. Aber die Philosophie der Revolution verstand sehr wohl, dass die Metaphysik es in der Tat auf sich nimmt, die ersten Prinzipien zu verteidigen, dass sie die geeignetste Wissenschaft ist, uns zu den Dingen zu führen, die von Natur aus edler und göttlicher sind als der Mensch. Das Gemeinwohl der politischen Gesellschaft ist nicht das reine und einfache Allgemeingut; es kann nicht erhalten werden, wenn man es nicht dem souveränen Gut zuordnet. Der Mensch ist nicht das Maß des Menschen.

Das ist es, was nach allen Beweisen für eine universelle Ordnung unter den Nationen zählt. Sie wissen sehr wohl, dass das Ziel der revolutionären Philosophie nicht die internationale Ordnung im strengen Sinne des Wortes ist. Die revolutionäre Philosophie erkennt keine Nationen an, ebenso wenig wie sie die Familien anerkennt. Sie erkennt nicht einmal das wahre Gemeinwohl der politischen Gesellschaft an, auch nicht das der politischen Gesellschaften. Sie will zwar eine gewisse allgemeine Ordnung, aber sie sucht das Prinzip dafür in dem, was in jeder Gesellschaftsordnung materiell an erster Stelle steht: der Mensch rein als Mensch, in seinem subjektivsten Zustande betrachtet, in einem Zustande der Entbehrung sowohl materieller als geistiger Art. So muss man den radikalen Charakter dieser Lehre verstehen.

Negation des Primats des Spekulativen

Trotz ihrer scheinbaren Divergenz sind sich die modernen Philosophen im Allgemeinen darin einig, dass die Metaphysik oder spekulative Weisheit, insofern sie sich hauptsächlich mit Dingen befasst, die besser sind als der Mensch, den Menschen von sich selbst entfremdet, dass sie ihn seines wahren Selbst beraubt. Da sie in gewisser Weise übermenschlich ist, wird sie für unmenschlich gehalten. Es würde den Menschen von der totalen Anstrengung ablenken, die erforderlich ist, um die Erde zu erobern und seinem Wunsch zu leben zu entsprechen. [79] Sie wäre zerstörerisch für die menschliche Natur und muss daher als einer der großen Feinde der Menschheit angesehen werden.

Und in der Tat, wie Aristoteles in der *Ethik* sagt, wenn der Mensch das vollkommenste Ding im Universum wäre, wäre nicht Weisheit, sondern politische Klugheit und Wissenschaft das vollkommenste Wissen. [80] Ich möchte diese Hypothese gerne mit Ihnen diskutieren. Nehmen wir für einen Moment an, dass die politische Wissenschaft und die politische Klugheit das vollkommenste Wissen darstellen, und lassen Sie uns sehen, was man in aller Strenge folgern muss.

Die erste Konsequenz und die allgemeinste ist, dass die Dinge höchstens so sein würden, wie wir sie haben wollen. Denn die politische Wissenschaft und die Klugheit sind insofern praktisch, als sie in Übereinstimmung mit der rechten Vernunft auf einen Zweck hinlenken. Das aber setzt voraus, dass wir in irgendeiner Weise die Natur der zu lenkenden Sache und des Zwecks kennen; das heißt, dass die Geradheit der praktischen Regel die Geradheit des spekulativen Verstandes voraussetzt. [81] Wenn also, *per impossibile*, die praktische Regel unabhängig von der spekulativen Wahrheit wäre, dann wäre das, was die Dinge sind oder sein sollen - der Mensch zum Beispiel oder das Gute für den Menschen oder die Gesellschaft -, einfach das, was wir wollen, dass sie sein sollen. Selbst die praktische Wissenschaft wäre keine Wissenschaft mehr. Einfaches praktisches Wissen würde nicht mehr wirklich praktisch sein. Alle Richtung würde nach dem Zufall gehen; es wäre nicht mehr Richtung.

Diese Hypothese impliziert genauer gesagt die Verneinung der Klugheit. Man könnte jedoch einwenden, dass wir frei sind, den Zweck zu wählen; ist der Zweck nicht das, was in praktischen Dingen das Prinzip ist, und wählt der Handwerker nicht den Zweck, den er verwirklichen will (ein Haus zum Beispiel, und zwar eher diese Art von Haus als jene)? Aber das hieße, den radikalen Unterschied zwischen Kunst und Klugheit zu vergessen. Denn die Klugheit wählt nicht den Zweck, sondern nur die Mittel. Würde die Klugheit den Zweck wählen, so wäre sie wie die Kunst unfähig, die Mittel zu wählen, so dass sie ein und dasselbe mit der Kunst wäre. Und wenn das so wäre, würde die Wahrheit eines klugen Urteils nicht von der Rechtschaffenheit des Strebens in Bezug auf das Gute abhängen, sondern nur von der Rechtschaffenheit des Verstandes, das heißt von seiner Übereinstimmung mit dem gewählten Zweck. [82] Und da sich die Kunst nur mit dem Wahren und nicht, wie die Klugheit, mit dem Wahren und dem Guten zugleich befasst, könnte das Urteil eines moralisch verdorbenen Menschen ebenso weise sein wie das eines tugendhaften - was übrigens in der aktiven Politik gemeinhin zugegeben wird; und jedes Versäumnis im moralischen Handeln wäre nur auf ein Versäumnis im Wissen zurückzuführen. Da sich die Kunst mit Gegensätzen beschäftigt, wie z. B. Gesundheit und Krankheit in der Medizin, wäre die Klugheit, wenn sie in dieser Hinsicht wie die Kunst wäre, gleichgültig gegenüber Gut und Böse. [83] Das einzige Kriterium für Gut und Böse wäre der Erfolg bei der Verwirklichung des gewählten Zwecks. Es wäre absurd, das eigene Verhalten auch vor sich selbst rechtfertigen zu wollen, indem man meint oder sagt, man habe nach seinem Gewissen und in guter Absicht gehandelt. Jede konkrete Abweichung vom gewählten Zweck, sei es durch die Vernunft, den Zufall oder den Willen, wäre ein Fehler.

Dieser Hypothese folgend, wäre der Mensch in Wahrheit das Maß aller Dinge, und es könnte kein anderes Maß geben. Aber der Satz "Der Mensch ist das Maß aller Dinge" bleibt abstrakt. Um konsistent zu sein, müssen wir fragen: "Welcher Mensch?", oder "Welche Menschen?" Beachten Sie, dass wir nicht fragen können: "Welcher Mensch oder welche Menschen haben das Recht, sich als Maß zu setzen?" Das Recht wird demjenigen gehören, der die Macht hat, es durchzusetzen. In guter Logik kann man höchstens darauf warten, dass es passiert.

So erreicht man die Emanzipation des Menschen als reiner *Artifex*. Diese Emanzipation würde einem Wunsch entsprechen, der für den Menschen völlig charakteristisch ist. Es gibt im Menschen die Tendenz, dem Praktischen den Vorrang vor dem Spekulativen und der Kunst den Vorrang vor der Klugheit einzuräumen. Diese Tendenz kommt aus der intellektuellen Schwäche des Menschen, wie man an den folgenden Gründen sehen kann.

"Der Besitz der Weisheit", sagt Aristoteles am Anfang der *Metaphysik*, "könnte als mehr menschlich betrachtet werden, denn die menschliche Natur ist in vielerlei Hinsicht sklavisch."[84] Das kontemplative Leben ist nicht richtig menschlich, sondern eher übermenschlich, während das aktive Leben der menschlichen Natur am meisten entspricht. [85] Der beste Teil des Menschen, der spekulative Teil, ist der schwächste. Wird er die schwierigen und unversöhnlichen Anforderungen des Objekts von jenem Teil von ihm annehmen, der zugleich sein edelster und sein schwächster Teil ist? Die menschliche Natur enthält die Drohung der Revolte; kann man sie eindämmen?

In der spekulativen Erkenntnis wird der Intellekt am Objekt gemessen, und in der spekulativen Weisheit befassen wir uns hauptsächlich mit Dingen, die besser sind als wir selbst.[86] Es ist unmöglich, diese Objekte zu betrachten, ohne gleichzeitig unseren Zustand der Unterlegenheit zu fühlen, sowohl was unsere Natur als auch was unsere Art zu wissen betrifft. In der praktischen Erkenntnis, soweit sie praktisch ist, ist der Intellekt selbst das Maß, und wir selbst sind in gewisser Weise der Zweck aller Artefakte. [87]

Man ist versucht, die Kunst der Klugheit vorzuziehen, weil die Wahrheit in der Kunst nicht durch die Übereinstimmung des Strebens mit dem Guten bedingt ist, sondern einzig und allein durch das gewählte Werk, ob letzteres nun gut oder schlecht ist. Und der Zweck der Kunst ist dieses besondere Werk, diese Maschine, diese Statue; aber die Güte dieser Klugheitshandlung hängt von ihrer Übereinstimmung mit dem guten Leben ab, wenn man es in seiner Gesamtheit betrachtet. [88]

Außerdem, weil die Kunst die Natur nachahmt, gelingt sie in den meisten Fällen, und der Kunsthandwerker braucht nicht über die Mittel nachzudenken; [89] aber bei Handlungen, die von der Übereinstimmung mit dem Guten abhängen, versagen wir am häufigsten. [90] Und die Ursache dafür ist die Doppelnatur des Menschen und die Gegensätzlichkeit der Sinne zur Vernunft. [91] Diese Gegensätzlichkeit lässt die menschlichen Handlungen am häufigsten schlecht sein, denn der Mensch ist nicht von Natur aus vollkommen; seine "sekundären Vollkommenheiten" sind nicht angeboren, sondern erworben oder anerzogen. Solange er nicht durch Tugend vervollkommnet, nicht *ad unum* bestimmt ist, steht die menschliche Natur in der Gefahr, am häufigsten vom rechten Weg abzuweichen. [92]

Darüber hinaus wird der Mensch aufgrund der Schwäche seines spekulativen Intellekts versucht sein, seine Fähigkeit, angenehme Nachahmungen zu konstruieren, zu überhöhen. Er wird versucht sein, jedes nachahmungsfähige Original zu beherrschen, sowohl solche, die größer sind als wir, als auch solche, die uns unterlegen sind. Die schönen Künste sind in der Tat das menschlichste Mittel, um Objekte, die besser sind als wir, in ein besseres Verhältnis zu uns selbst zu setzen.

Am Anfang war das Wort des Menschen

Die moderne Geschichte der Philosophie zeigt, dass alle diese Folgen wirklich eingetreten sind, und dass sie zu einer Doktrin aufgerichtet worden sind. Ich möchte kurz zeigen, dass das moderne Denken, indem es fortschreitend die Dinge, die größer sind als der Mensch, und folglich die Weisheit selbst, ignoriert und verleugnet hat, einfach das Beste im Menschen selbst verleugnet und ignoriert hat; es hat in Wahrheit dem, was am minderwertigsten im Menschen ist, minderwertig sowohl geistig als auch materiell, fast göttliche Eigenschaften verliehen.

Die *Encyclopedia Britannica* definiert Humanismus als "im Allgemeinen jedes System des Denkens oder Handelns, das den Angelegenheiten der Menschen im Vergleich zum Übernatürlichen oder Abstrakten ein vorherrschendes Interesse zuweist (vom lateinischen *humanus*, Mensch, abgeleitet von *homo*, Menschheit). Der Begriff wird speziell auf jene Denkbewegung angewandt, die im 15. Jahrhundert in Westeuropa mit den mittelalterlichen Traditionen der scholastischen Theologie und Philosophie brach und sich der Wiederentdeckung und dem direkten Studium der antiken Klassiker widmete. Diese Bewegung war im Wesentlichen eine Revolte gegen intellektuelle und insbesondere kirchliche Autorität und ist die Mutter aller modernen Entwicklungen, ob intellektuell, wissenschaftlich oder sozial

Wir würden uns dieser vorläufigen Definition des Humanismus nicht anschließen wollen, wenn sie auf alle jene anwendbar sein sollte, die als Humanisten bezeichnet wurden. Wenn man den hl. Robert Bellarmine oder den hl. Petrus Canisius als Humanisten bezeichnet, so scheint mir, dass man das nicht in dem Sinne verstehen kann, der bei Pico della Mirandola, Erasmus oder Rabelais richtigerweise nachgewiesen ist. Humanismus bedeutet bei diesen letzteren eine humanistische Auffassung des Menschen. [94]Und weiter ist zu bemerken, dass bei einem wie Rabelais, entgegen der üblichen These, dieser Humanismus viel mehr eine Haltung als eine Doktrin ist.

Betrachten wir einen Text, den wir im philosophischen Sinne des Wortes als humanistisch bezeichnen würden - und in diesem Sinne werden wir von nun an den Begriff "humanistisch" verstehen. Er ist dem Diskurs von Pico della Mirandola über die Würde des Menschen entnommen. [95]

„Schließlich verfügte der Beste der Arbeiter (opifex), dass dieses Geschöpf, dem er nichts geben konnte, was ihm angemessen wäre, alle besonderen Eigenschaften der verschiedenen Geschöpfe besitzen sollte. Deshalb gab er dem Menschen die Funktion einer unbestimmten Form und einen *plastes et fictor* – wonach du dich nach allen Formen gestalten kannst, die du vorziehen wirst. Du wirst die Macht haben, die niederen Lebensformen, die tierischen, anzunehmen; und du wirst die Macht haben, durch das Urteil deines Geistes, in höheren Lebensformen, die göttlichen, wiedergeboren zu werden."

„O höchste Großzügigkeit Gottes des Vaters, o erhabenste und wunderbare Glückseligkeit des Menschen, dem es gegeben ist, zu haben, was er will, zu sein, was er will. Die Tiere tragen vom Mutterleib an alles mit sich, was sie jemals besitzen werden; die reinen Geister werden entweder von Anfang an oder sehr bald danach zu dem, was sie in alle Ewigkeit sein werden ....“

Wir werden diesen Text nicht im Detail analysieren. Beachten Sie nur dieses Beharren auf dem ungeformten Charakter. Es ist wahr, dass der Mensch durch seine Fähigkeit, die Form des Anderen zu empfangen und alle Dinge dem Wissen entsprechend zu sein, im Zentrum des Kosmos steht, während die anderen kosmischen Geschöpfe begrenzt sind, sei es auf ihre individuelle Form oder auf sinnliche und singuläre Formen allein. Aber wenn wir diese Formlosigkeit, diese unbegrenzte Potentialität formal betrachten, gelangen wir zur rationalen Natur in ihrem charakteristischen Nicht-Sein, und weit davon entfernt, dadurch den Mittelpunkt der Schöpfung einzunehmen, steht der Mensch auf dem niedrigsten Grad unter den intelligenten Geschöpfen.

Mirandola betrachtet diese Ungeformtheit zudem nicht nur in der Linie des Wissens; für ihn ist sie sehr bewundernswert, weil sie das Feld der Freiheit vergrößert. Es geht nicht um die Freiheit des Intellekts, sondern darum, "die Grenzen der eigenen Natur nach dem freien Willen, der einem eigen ist, selbst zu bestimmen"; es geht um eine Fähigkeit, die eigenen Verhaltensregeln festzulegen und sich selbst zu lenken, die sogar so weit geht, dass sie einer Teilhabe an der Erkenntnis von Gut und Böse gleichkommt.

Dies ist eine Verherrlichung der Ungeformtheit, der Unbestimmtheit, die der rationalen Natur des Menschen eigen ist, die im Idealismus von Hegel noch auffälliger und im Materialismus von Feuerbach und Marx noch ausgeprägter werden wird. Die Vollkommenheit des Menschen gerade dieser Ungestaltbarkeit und der subjektiven Kraft zur Selbstverwirklichung zuzuschreiben, läuft darauf hinaus, das Primat der materiellen und effizienten Ursachen zu bejahen. Der Wunsch, die Unendlichkeit dieser Kraft als erstes Prinzip seiner Tätigkeit und als das, was ihm am meisten eigen ist, ganz konkret zu spüren, treibt den Menschen dazu, die Unendlichkeit seiner Hände und seiner Zunge zu verehren, wobei letztere die Organe der praktischen Vernunft sind. Die Unendlichkeit, die der Art von technischem Fortschritt zugrunde liegt, den der heutige *Homo faber* als Ziel errichtet hat, wird dann zu einem schrecklichen Ding. Als das entlarvt, was sie ist, würde diese als Zweck projizierte Unendlichkeit zu einem Objekt der höllischen Verzweiflung.

Auch die Freiheit der Gegensätzlichkeit gegenüber dem natürlichen Zweck trägt das Kennzeichen einer echt menschlichen Unvollkommenheit. Sie kann nur im Vergleich mit willensarmen Wesen als Vollkommenheit angesehen werden. In einer intellektuell vollkommenen Natur kann sie nicht existieren. Ist der Mensch ein Meisterwerk der Schöpfung, weil er versagen kann, auch bei der Erreichung seines eigentlich natürlichen Ziels? Weil er also aus gegensätzlichen Naturen zusammengesetzt ist? Weil er also nach der Idee eines intelligenten und freien Wesens mangelhaft ist?

Weil er seinen Zweck annehmen oder ablehnen kann, weil er sich auf seinen natürlichen Zweck ausrichten kann, ist es dem Menschen nicht gegeben, mehr *causa sui zu* sein als eine intellektuelle Natur, die im Besitz seines Zwecks geschaffen wurde? Das ist die Sophistik, die der Rhetorik von Mirandola zugrunde liegt.

Dies ist eine zutiefst menschliche Perversion. Der gefallene Engel hatte übermäßiges Vergnügen an der Vollkommenheit, die seiner Natur entsprach und die er schon durch die Tatsache seiner Erschaffung erhalten hatte. Der Mensch hingegen erfreut sich hier in ungeordneter Weise an seiner Potentialität und an der Tatsache, dass er nicht im Besitz seines Ziels ist. Ich sage "in ungeordneter Weise", weil der Mensch sich darüber freuen kann, dass er nicht von Natur aus festgelegt ist, wie es irrationale Geschöpfe sind. Aber es ist ihm nicht erlaubt, "zurückzuschauen" - *Nemo respiciens retro, aptus...*

* * *

Die Verherrlichung jener dichterischen Tätigkeit, in der der Mensch selbst Gegenstände oder Nachahmungen schafft, die den Charakter eines Begriffs in der Linie der Erkenntnis haben und sich selbst genügen, war eine bewusste Rückkehr zu der Zeit, in der die Gottheiten in hohem Maße dem Bild des Menschen entsprachen, menschlichen Bedingungen unterworfen waren und über die der Dichter die Herrschaft ausüben konnte. Es war keine Rückkehr zur klassischen Kunst, die in ihrer ganzen Fülle betrachtet wurde; letztere war in vielerlei Hinsicht wahrhaft religiös, d.h. den als überlegen anerkannten Originalen untergeordnet. Es war vielmehr eine bewusste Rückkehr zur klassischen Poesie, so sehr diese auch angesichts göttlicher Originale profan sein konnte. In der Summe wollte man eine profane Poesie mit universeller Herrschaft, religiös allenfalls durch äußere Konfession. Sie sollte die reine Poesie emanzipieren, "die dasjenige zum Gegenstand hat, was wegen seines Mangels an Wahrheit von der Vernunft nicht erfasst werden kann".[96] Alle nachahmbaren Originale sollten vor dem Genius des Menschen stehen und auf den Zustand der bedienbaren Materie reduziert werden. Darauf läuft es hinaus, wenn man der "*infima doctrina*" den Vorrang gibt.[97]

Descartes spricht ausdrücklich von dieser Philosophie, die nicht die Erkenntnis um ihrer selbst willen zum Ziel hat, sondern die Verwandlung aller Dinge zum Nutzen des Menschen. Marx ist der sehr getreue Widerhall der folgenden Passage im *Diskurs über die Methode* (Teil VI): "... statt jener spekulativen Philosophie, die in den Schulen gelehrt wird, gibt es eine praktische Philosophie, durch die wir, indem wir die Kraft und die Wirkungen des Feuers, des Wassers, der Luft, der Sterne, des Himmels und aller anderen Körper, die uns umgeben, so deutlich kennen, wie wir die verschiedenen Berufe unserer Handwerker kennen, sie in gleicher Weise für alle Zwecke, für die sie geeignet sind, gebrauchen und uns so zu Herren und Besitzern der Natur machen könnten. Dies ist nicht nur wünschenswert für die Erfindung einer Unzahl von Kunstgriffen, die es uns ermöglichen würden, die Früchte und alle Güter der Erde ohne Schmerzen zu genießen, sondern vor allem auch für die Erhaltung der Gesundheit..."

Um die ganze Bedeutung dieses Textes zu erfassen, muss man sich daran erinnern, was Descartes über die Theologie erklärte. "Ich verehrte unsere Theologie und hatte ebenso wie jeder andere die Absicht, die Belohnung des Himmels zu erlangen; aber da ich als etwas sehr Sicheres gelernt hatte, dass der Weg für den Unwissendsten nicht weniger offen ist als für den Gelehrtesten, und dass die geoffenbarten Wahrheiten, die zum Himmel führen, über unserem Verstand liegen, konnte ich es nicht wagen, sie der Schwäche meines Verstandes zu unterwerfen, und ich dachte, dass, sie auf sich zu nehmen und zu untersuchen, irgendeine außerordentliche Hilfe vom Himmel erfordert hätte und auch verlangt hätte, dass man mehr als ein Mensch sei." (Teil I)

Selbst die spekulative Philosophie ist zu schwierig, zu unsicher und zu wenig an die Ebene der Vernunft angepasst. Was bleibt uns dann anderes übrig als diese praktische Philosophie, die überdies damit endet, dass sie die Ethik weglässt und an ihre Stelle die Medizin und eine Hygiene setzt, die zur Heilung und Vorbeugung aller geistigen Übel eingesetzt werden soll?

Der Skeptizismus Humes trägt noch weiter dazu bei, die Verneinungen zu unterstützen, die zu einer Philosophie führen, die schlicht und offen humanistisch ist. Die folgende Passage ist wie eine Prämeditation seines Skeptizismus.

„Es scheint also, dass die Natur eine gemischte Art von Leben als am besten geeignet für die menschliche Rasse aufgezeigt hat, und heimlich ermahnt sie, keine dieser Neigungen zu viel zu ziehen, so dass sie für andere Beschäftigungen und Unterhaltungen unfähig zu machen. Gebt eurer Leidenschaft für die Wissenschaft nach, sagte sie, aber lasst eure Wissenschaft menschlich sein und solche, die einen direkten Bezug zum Handeln und zur Gesellschaft haben kann. Abstruses Denken und tiefgründige Forschungen verbiete ich und werde sie streng bestrafen, durch die nachdenkliche Melancholie, die sie einführen, durch die endlose Ungewissheit, in die sie dich verwickeln, und durch den kalten Empfang, den deine angeblichen Entdeckungen finden werden, wenn sie mitgeteilt werden. Sei ein Philosoph; aber inmitten all Deiner Philosophie, sei immer noch ein Mensch.“ [98]

Der Mensch wendet sich ab von der Forschung und von der Betrachtung der Dinge, die besser sind als der Mensch; oder, mit anderen Worten, er wendet sich auch von dem ab, was das Beste in ihm selbst ist. Er wendet sich stattdessen nach innen, zu den Kräften, die eigentlich seine eigenen sind. Unter diesen Kräften gibt es eine, die in gewisser Weise die tiefste ist, die an jene Prinzipien rührt, die für uns absolut erstrangig sind: die Kraft der richtig menschlichen Sprache. Man kann Dinge sagen und schreiben, die man nicht denken kann. Man kann sagen: "Es ist möglich, zu gleicher Zeit und in gleicher Hinsicht zu sein und nicht zu sein"; "Der Teil ist größer als das Ganze", obwohl man solche Dinge nicht denken kann. Aber dennoch sind es grammatikalisch korrekte Sätze. Transzendente Macht der Sprache: Man kann sowohl das Denkbare als auch das Undenkbare sagen. Macht, das rein Irrationale zu verwenden. Ich kann sagen: "Ich existiere nicht". Und damit kann ich "Ich existiere" auf reines Nicht-Sein gründen. Ich sage es! Wer will mich aufhalten? Sollen sie mich doch aufhalten. Ich werde es noch einmal sagen. Ich selbst, und ich selbst. Bald wird es eine Gesellschaft von Ichs geben.

Die Freiheit der Sprache wird entdeckt: die vom Intellekt losgelöste Sprache. "Äußeres Sprechen" hat sich emanzipiert. Der Gedanke wird der Sprache unterworfen. Endlich frei. Am Anfang war das Wort des Menschen.

„Ich sage euch: Am Tag des Gerichts werden die Menschen Rechenschaft ablegen über jedes eitle Wort, das sie gesprochen haben. Denn ihr werdet gerechtfertigt werden durch eure Worte, und ihr werdet verurteilt werden durch eure Worte."

So wird auch die Fähigkeit entdeckt, Geschichte zu "komponieren". Letztere wird rein wissenschaftlich, wie es unsere Redeweise ist. Der Historiker emanzipiert sich von der praktischen Weisheit, von den Schranken der Klugheit. Die Methode, die wir "kritisch" nennen, versteht sich als Ersatz für die Klugheit. Erlaubt sie uns nicht, historische Ereignisse objektiv zu beurteilen, was immer unsere subjektiven Neigungen sein mögen? Der Historiker braucht nicht mehr ein kluger Mann zu sein, dessen Urteile über menschliche Handlungen nicht durch bloßes Wissen, sondern durch die Rechtschaffenheit seiner eigenen Gesinnung bedingt wären. Und so emanzipiert uns die Wissenschaft von dem Grundsatz: "Wie du bist, so wirst du urteilen": "*qualis unusquisque est, talis ei finis videtur*". Endlich sind wir befreit von jenem schrecklichen Wort: "Wie du geurteilt hast, so wirst du gerichtet werden, und nach dem Maß, mit dem du gemessen hast, wirst du gemessen werden." So erlaubt die Wahrheit dem Ehebrecher, auf dem öffentlichen Platz zu schreien: Diese Frau wurde in flagranti ergriffen! Warum hindert der Balken in deinem Auge deinen Nächsten daran, einen Splitter in seinem zu haben? Ist sein Splitter weniger objektiv vorhanden als Ihr Balken? Ist das nicht eine vollkommen unpersönliche Wahrheit? Ist eine solche Wahrheit nicht das Recht von allen? Warum sollte der Historiker nicht genauso frei sein wie der Arzt? Fakten sind Fakten!

Und die Furcht vor Gott?

Die Haltung der Philosophen gegenüber ihren Lesern hat sich völlig verändert. Es ist nicht mehr die Wahrheit, die sie sprechen, sondern vielmehr der Leser und der Schriftsteller, die zum Hauptobjekt ihrer Besorgnis werden. Sie selbst gestehen, dass sie um ihrer selbst willen immer hoffen, dass der Leser ihre Meinung gutheißt. Noch wichtiger ist, dass der Leser, für den sie schreiben, nicht mehr der Philosoph ist, sondern jenes vage Individuum, das man bei manchen Gelegenheiten den gesunden Menschenverstand, bei anderen den kultivierten Menschen, bei wieder anderen den allgemeinen Leser nennt. Vergleichen Sie dieses Vorgehen mit dem des Aristoteles oder des heiligen Thomas. Der *Diskurs über die Methode* ist im Wesentlichen ein rhetorisches Werk. Es war auch einer der ersten Appelle an den ungeformten Menschen, gerade weil er ungeformt ist, ein Appell, der eines Tages in dem Appell an die ungeformten Massen, insofern sie ungeformt sind, aufleuchten wird.

Philosophische Werke nehmen eine Form an, die sie nach rechtem Denken immer unwiderlegbarer macht. Sie sind in Haltungen verwurzelt. Die Philosophie wird mehr und mehr zum Ausdruck der Persönlichkeit der Philosophen. Sie wird zu einer literarischen Tätigkeit. Wer wird ein Gedicht widerlegen? Wer wird den Gedanken eines Autors widerlegen?

Werden die Philosophen wirklich kritischer? Der kritische Geist ist eine der größten Verlockungen der Geschichte. Nie haben Philosophen so viele Beweise und so viel "Vorwissen" postuliert. Es gibt vielleicht keinen modernen Philosophen, dem es besser gelungen ist, seine unmöglichen, sorgfältig in Intuitionen eingebetteten Beweise zu verkaufen und andere dazu zu bringen, sein vermeintliches Vorwissen anzuerkennen, als der strenge Kritiker von Königsberg.

Unter der unendlichen Mannigfaltigkeit der Systeme verbirgt sich dennoch eine tiefe Einheit, die im Marxismus bald zum Vorschein kommen wird - die Einheit des Zieles, der letzten Ursache: die Emanzipation des Menschen, rein als Mensch betrachtet, in seinem Ungeformtsein betrachtet, das als hinreichendes Prinzip für alles, was der Mensch sein kann, beurteilt wird: die Macht seiner Ohnmacht; die Fruchtbarkeit des Nichtseins des Menschen.

Kants Bemühen, den spekulativen Intellekt von den Fesseln der Metaphysik zu befreien, indem er die erstere auf die logische Ordnung beschränkte (von der er glaubte, sie ausreichend zu kennen)[99], war der entscheidendste Schritt zu dieser revolutionären Philosophie - der zukünftigen "bewaffneten Kritik" -, die heute offen die ganze Welt bedroht. Vielleicht haben wir selbst, die wir unter dem Gewicht dieser modernen Tradition erlegen sind, den Glauben an den menschlichen Intellekt in einem solchen Maße verloren, dass wir uns sträuben zuzugeben, dass das, was Männer denken, oder was sie in den scheinbar friedlichen Klassenzimmern lehren, irgendwelche ernsthaften Konsequenzen für den Lebensmittelhändler haben kann, der die Straße hinunter wohnt. Wie könnten die gelehrten Negationen des Widerspruchsprinzips durch diese wunderbaren Professoren jemals wirklich die arbeitenden Massen beeinflussen? Wer wäre so einfältig zu glauben, dass eines Tages der prominenteste Staatsmann selbst die Hegelsche Dialektik, bearbeitet und korrigiert, seinem Volk und den Menschen der ganzen Welt lehren wird? [100]

Angesichts der Art der Emanzipation des menschlichen Intellekts, die Kant im Sinn hatte, war seine Wahl der Logik als Instrument für diese Emanzipation völlig angemessen. Man muss nur die Meinung betrachten, die wir selbst über die Logik haben, um zu verstehen, wie stark der Missbrauch ist, den man mit ihr treiben kann. Die Notwendigkeit der Logik ergibt sich aus der natürlichen Unvollkommenheit unseres Intellekts. [101] Daher ist die Logik richtig und zutiefst menschlich. Ihre Werke, menschliche Kunstgriffe, sind im Prinzip die der vollkommenen spekulativen Wissenschaft. Sie ist die vollkommenste aller Künste. Ihre Materie ist notwendig. Sie ist zugleich Kunst und Wissenschaft, zugleich regulativ und spekulativ, zugleich instrumentell und transzendental. Indem sie ganz in den Grenzen des Intellekts bleibt, um die eigene Spekulation des Intellekts zu lenken, ist sie die freieste aller Künste, aber zugleich eine Kunst, die nur ein "Diener" ist; sie ist nur nützlich, ein reines Instrument.

Dieselbe Kunst, die ihre Wurzeln im potenziellen Charakter unseres Intellekts hat, wird bei Hegel zur allmächtigen Methode. "Die Methode ist die absolute, einzige, höchste, unendliche Kraft, der kein Gegenstand widerstehen kann; sie ist die Tendenz der Vernunft, sich selbst zu entdecken, sich in allem zu erkennen." Alles ist von nun an das Abbild unseres Denkens, das zum Prinzip geworden ist, das alle Dinge hervorbringt.[102]

Ferner stützt sich Hegel auf den Teil der Logik, der seinem Zweck am besten dienen kann - die Dialektik. Nicht einfach die Dialektik der Themen, sondern richtiger die Dialektik, die darin besteht, Prinzipien der *logica docens zu* benutzen, um zur Wirklichkeit zu gelangen. Die kantischen, hegelianischen und marxistischen Dialektiker haben nichts, was bloß Ansichtssache ist. Die beiden letzteren bewahren von der aktuellen Dialektik nur das Element des Konflikts und des Kampfes. [103] Aber es ist sehr wahr, dass man, ausgehend von den allgemeinen Intentionen der Vernunft, zur Wirklichkeit hinabsteigen kann, man kann sich mit den Gegenständen der Wissenschaften und mit den wirklichen Wesen (*ens naturae*) beschäftigen. [104] In diesem Punkt findet man an diesen Dialektikern nichts auszusetzen. Dieser Gebrauch der Logik könnte aber von sich aus die Wirklichkeit nicht hinreichend erreichen, es sei denn, das Logische und das Reale wären identisch, und das kann nicht sein, wenn der Widerspruch nicht möglich wäre. Aber genau das hat Hegel behauptet. Für ihn ist der Widerspruch einfach eine Tatsache, die er mit einem Beispiel aus der Geometrie illustriert. "Ein Begriff, der gleichzeitig zwei widersprüchliche Zeichen hat oder der weder das eine noch das andere hat, z.B. ein quadratischer Kreis, wird als logisch falsch angesehen. Aber obwohl ein polygonaler Kreis und ein geradliniger Bogen dieser Maxime ebenso widersprechen, zögern die Geometer nicht, den Kreis als ein Polygon mit geradlinigen Seiten zu behandeln."[105]

Das Prinzip des Widerspruchs ist eine ziemlich wichtige Angelegenheit. Und es ist sehr eng mit unserem Thema verbunden, da seine Negation das erste Prinzip der modernen Philosophie der Revolution darstellt. [106]"Im Gegensatz zur Metaphysik", sagt Stalin, "geht die Dialektik von der Position aus, dass die Objekte und Naturerscheinungen innere Widersprüche...“ und er zitiert Lenin mit den Worten "Dialektik, im eigentlichen Sinne des Wortes, ist das Studium der Widersprüche im Wesen der Dinge."[107]Marx, Engels und Lenin äußerten sich besorgt über den Mangel an Respekt und die Nachlässigkeit, mit der die Hegelsche Logik von ihren Jüngern betrachtet wurde, und der orthodoxe Marxismus betont weiterhin ihre Bedeutung. Sehen wir uns kurz an, was Hegel in aristotelischer Hinsicht getan hat, um das Prinzip des Widerspruchs umzuwandeln, und wie er dazu kam, es als das eigentliche Prinzip aller Fruchtbarkeit zu proklamieren.

Eine entfernte Gattung ist prädikativ für Arten mit Identität, genauso wie eine nahe Gattung für Individuen. So sind der Kreis und das Polygon die gleiche Figur. Diese Prädikation mit Identität ist möglich, weil die entfernte Gattung nicht durch die Arten, sondern durch die unmittelbaren Gattungen unter ihr geteilt ist; und ebenso ist die nahe Gattung nicht durch die Individuen, sondern durch die Arten geteilt. [108]Aber Hegel identifiziert die Eigenschaften der entfernten Gattung mit denen der nahen Gattung. Daraus folgt, dass der Kreis und das Polygon dieselbe ebene Figur sind, was bedeutet, dass die ebene Figur mit den Unterschieden, die sie teilen, identisch ist. Dieses Vorgehen mag aus der Tatsache heraus plausibel erscheinen, dass man den Kreis dialektisch als die Grenze eines regelmäßig eingeschriebenen Polygons definieren kann, dessen Seiten unendlich an Zahl zunehmen, was die scheinbare Tendenz einer Gattung ergibt, durch eine rein quantitative Veränderung kontinuierlich in eine andere überzugehen. Wenn diese Tendenz wirklich vollzogen werden könnte, würden wir mit einer Essenz enden, die widersprüchlich, oder mit anderen Worten unmöglich ist.

Auf diese Weise können wir sehen, wie die "Dialektik der spekulativen Vernunft" versucht, mittels des reinen gemeinsamen Charakters der spekulativen Vernunft - einer negativen Abstraktionsgemeinschaft - alle

Dinge in ihren Unterschieden herzuleiten. Wir wollen diesen dialektischen Vorgang nicht leugnen. Wir wollen nur, dass er als dialektisch anerkannt wird. Er ist ein legitimer und fruchtbarer Prozess, vorausgesetzt, dass man ihn nur als ein rein logisches Mittel zur versuchsweisen Überwindung der Mannigfaltigkeit unserer Erkenntnismittel ansieht, einer Mannigfaltigkeit, in der unserem Wissen der eigentliche Charakter der Weisheit fehlt.

Es ist sehr wahr, dass die dialektische Reduktion von Volumen auf Fläche, Fläche auf Linie und Linie auf Punkt unser Wissen vollkommener und dem göttlichen Wissen ähnlicher macht, das alle Dinge in dem, was ihnen am meisten eigen ist, durch eine einzige, einzigartige Art, ein universelles Mittel der Erkenntnis, erreicht. Wir haben eine bessere Kenntnis des menschlichen Intellekts, wenn wir ihn als die Grenze einer Degradierung in der eigentlichen Natur des Intellekts sehen können. Aber auf die Gefahr hin, den Begriff dieser Herabsetzung zu zerstören, muss man sich klarmachen, dass es sich um eine rein dialektische Reduktion handelt, dass die den Dingen gegebene Bewegung nur eine in die Gegenstände projizierte Bewegung der Vernunft ist, und dass diese Reduktion im Zustand der Tendenz bleibt. Diese Bewegung hat nicht die Reduktion der erkannten Naturen selbst zum Ziel: die Reduktion tritt in der streng wissenschaftlichen Erkenntnis ein, wenn die eine Natur als Erklärung der anderen erkannt wird, wobei beide radikal verschieden bleiben; ihr Ziel ist die Reduktion der Erkenntnismittel. Aber eine solche Reduktion kann nur vorläufig sein; wenn sie vollendet werden sollte, würde sie durch die Zerstörung der Naturen, die wir in ihrer Differenz erreichen wollen, vereitelt werden. Hegel, ein Opfer der emanzipierten Sprache, hält es für möglich, auf diese Weise ein neues und reicheres Objekt zu erzeugen - den quadratischen Kreis zum Beispiel.

Es ist also nur eine scholastische Spitzfindigkeit - eine Schulunterscheidung -, die uns von diesen Dialektikern trennt? So sei es. Aber lasst uns die Unterscheidungen der Schule nicht verachten. Hegel mißbraucht hier eines der mächtigsten Instrumente der Metaphysik zur Nachahmung der göttlichen Weisheit. Dasselbe gilt für jenes andere Instrument, das noch menschlicher ist - die Negation der Negation, deren Fruchtbarkeit in der mystischen Theologie auffällig wird. [109] Hier ist also die Bewegung der reinen Vernunft, also der Vernunft, die formal in ihrem reinen ratiokinativen Charakter betrachtet wird, und der Negation, jenem anderen Merkmal des menschlichen Intellekts: beide sind vollkommen emanzipiert und nehmen gemeinsam göttliche Attribute an. [110]

Et Facta Est Nox

Diese Perversion des menschlichen Denkens an der Wurzel sollte ihre Früchte im Marxismus tragen, der sich nicht damit begnügte, dass dieses Verfahren ein bloßes Spiel zur Belustigung der Philosophen war, sondern der es in die praktische Welt brachte, bis hin zur "Feder des Herrn Krug "[111]. Es ist wahr, dass die Hegelsche Dialektik schon grundsätzlich kompositorisch und praktisch im Modus war, aber sie blieb praktisch steril. Der Marxismus identifiziert den dialektischen Prozess Hegels mit den Dingen, die in ihrer letzten Konkretion betrachtet werden. Aber unter den Dingen, die uns umgeben, ist es in der Tat die Materie, die das eigentliche Prinzip ihrer letzten Konkretion ist. Die Materie wird selbst zum Urprinzip, zum "ersten Grund". Sie glauben, Sie werden von einem vollkommenen Intellekt und einem unendlich guten Willen beherrscht? Sie werden ausschließlich von den Bedingungen des materiellen Lebens bestimmt. Endgültigkeit? Scholastische Vorstellung!

Und wie bei Hegel die Bewegung der Vernunft aus dem dem Sein innewohnenden Widerspruch hervorging, so zeigt sich auch für die Marxisten der Widerspruch der Materie in der Bewegung der Materie, wobei für sie die Bewegung selbst widersprüchlich ist; Widerspruch und Bewegung des Widerspruchs, aus dem alle Dinge geboren werden. Im Widerspruch, d. h. in der Geburt durch Zerstörung, leuchtet die Fruchtbarkeit der Entbehrung, des Nicht-Seins, auf - das, was man Sein nennt, was aber in Wahrheit nicht ist. Das, was nicht ist, da ist das, was ist! "Für die dialektische Methode", sagt Stalin, "ist das Wichtigste nicht das, was in einem Moment stabil erscheint, aber schon zu vergehen beginnt; vielmehr ist das Wichtigste das, was geboren wird und sich entwickelt, auch wenn das Ding in einem Moment instabil erscheint, denn für die dialektische Methode ist nur das, was geboren wird und sich entwickelt, unbesiegbar."[112] Auf die Gesellschaft angewandt bedeutet das, dass der Fortschritt durch die Revolte der Enteigneten, d.h. der beraubten Klasse, erreicht werden muss. In ihr ruht die Macht, denn sie ist das, was nicht ist. "Soziale Reformen vollenden sich nie durch die Schwäche der Starken, sondern immer durch die Stärke der Schwachen."[113] "Auch der Feudalismus hatte sein Proletariat - die Leibeigenschaft, die alle Keime der Bourgeoisie in sich barg. Auch die feudale Produktion hatte zwei antagonistische Elemente, von denen man als der guten und der schlechten Seite des Feudalismus spricht, als ob nicht immer die schlechte Seite am Ende über die gute Seite siegt. Es ist die schlechte Seite, die Bewegung produziert und Geschichte macht, indem sie den Kampf konstituiert."[114]

Sie haben Mitleid mit dem menschlichen Elend, mit dem Los der Enteigneten? Sie sind entrüstet über den Egoismus und dem Geiz der

Reichen? Bourgeois! Seht ihr denn nicht, dass ihr versucht, das Huhn zu töten, das goldene Eier legt? "Wenn es wahr ist", fährt Stalin fort, "dass die Entwicklung durch das Hervortreten innerer Widersprüche, durch den Konflikt gegensätzlicher Kräfte erfolgt, der dazu bestimmt ist, diese Kräfte zu überwinden, dann ist es klar, dass der Klassenkampf des Proletariats eine ganz natürliche und unvermeidliche Erscheinung ist."[115] Weit davon entfernt, den Konflikt durch eine gerechte Verteilung der Güter ersticken zu wollen, weit davon entfernt, auf eine "ewige Gerechtigkeit"[116] zurückzugreifen, der sich jeder Mensch unterwerfen muss, muss man im Gegenteil den Kampf fördern und den Konflikt bis zur Überreizung treiben. Es müssen Wege für die Emanzipation des Nicht-Seins geöffnet werden! "Um Irrtümer in der Politik zu vermeiden, muss man daher eine politische Methode der proletarischen Klasse verfolgen, unnachgiebig, und nicht eine reformistische politische Methode der Interessenharmonie zwischen Proletariat und Bourgeois, nicht eine versöhnliche Methode der 'Integration' des Kapitalismus in den Sozialismus."[117] Schließe ein Abkommen mit deinem Feind, vorausgesetzt, dass es das sicherste Mittel ist, ihn zu zerschlagen. Rechnen Sie mit der Schwäche. In der Integrität seiner Feigheit wird er es nicht wagen, Ihren Zynismus zu entlarven.

Lassen Sie Ihren Zynismus universell sein. Lass ihn das Sein als Ganzes betreffen. Lass das Ja ein Nein sein, und das Nein ein Ja. [118]

Sit autem sermo vester, est, est: non, non: quod autem his abundantius est, a malo est.

"Eure Sprache aber sei: ja, ja; nein, nein; was darüber hinaus gesagt wird, ist von dem Bösen."

Wo wird er enden, dieser Prozess der Entbehrung bis hin zur absoluten Entbehrung? "Es war notwendig", sagt Marx, "dass das menschliche Wesen in diese absolute Armut fiel, um aus sich selbst seinen inneren Reichtum zur Geburt bringen zu können."[119] Wenn der Mensch erst einmal alle Bindungen an irgendetwas abgebrochen hat, wird er sich "um sich selbst, seine wahre Sonne" bewegen können. [120]

Da ist das Prinzip der neuen Ordnung.

Das reine Ich. Das Ich mit allem, was es am meisten von sich hat, als reines Subjekt, gewollt, diesmal als Zweck. Das Ich, stolz gemacht auf das, was nicht in ihm selbst ist. Was könnte man dem vorziehen?

"Die Zerstörung der Religion", sagt Marx, "des illusorischen Glücks des Volkes, ist eine Voraussetzung für sein wirkliches Glück ....“

"Religion ist nur die illusorische Sonne, die sich um den Menschen bewegt, solange er sich nicht um sich selbst bewegt.“

"Religiöse Heuchelei, die einem anderen das wegnimmt, was er durch mich gewonnen hat, um es Gott zu geben."

"... Und jeder Kritik sollte die Kritik der Religion vorausgehen."

"... Die Religionskritik führt zu der Lehre, dass der Mensch das höchste Wesen für den Menschen ist, ..."

"Die Philosophie macht keinen Hehl daraus. Das Bekenntnis des Prometheus: 'Mit einem Wort, ich hasse alle Götter... ', ist das Bekenntnis der Philosophie selbst, der Diskurs, den sie gegen jeden Gott des Himmels und der Erde hält und immer halten wird, der das menschliche Bewusstsein nicht als höchste Gottheit anerkennt. Diese Gottheit duldet keinen Rivalen.... (Die Philosophie) wiederholt, was Prometheus von Hermes, dem Diener der Götter, sagte:

Du kannst sicher sein, dass ich mein elendes Los niemals gegen die Knechtschaft bei dir eintauschen werde. Ich würde lieber an diesen Felsen gebunden sein, als der treue Diener und Bote von Zeus, dem Vater, zu sein ...'"[121]

Da ist das, was Marx sagt, nach Feuerbach, Feuerbach der Nachkomme von Hegel, Hegel der Nachkomme von Fichte und Kant, Kant der Nachkomme von ...

Non serviam!

"Nun", sagt die Mystische Theologie, "da wir uns durch Negation von dem trennen, der über allem steht, was entfernt und weggenommen werden kann, müssen wir zuerst das entfernen und zurücknehmen, was am weitesten und am meisten von ihm entfernt ist. Denn würde man nicht eher sagen, dass Gott Leben und Güte ist, als dass er nicht Luft oder ein Fels ist?"[122] - Auch der Marxismus hat seinen Weg der Negation, um zu dem Begriff zu kommen, den er für den vollkommensten hält: den Menschen als reinen Menschen in seiner vollkommensten Entbehrung, durch die sich sein innerer verborgener Reichtum verwirklicht. Auch er beginnt mit der Verneinung dessen, was dem Begriff am weitesten entfernt und am entferntesten ist. Seine erste Verneinung ist die Verneinung von Gott. Die Reihenfolge ist umgedreht.

Was ist dieses menschliche Wesen, das sich der Marxist anzueignen geneigt ist, das Objekt dieser "Freude, die der Mensch sich selbst schenkt"? [123]Was ist dieser innere Reichtum? Die Frage ruft Empörung hervor. Ist die Antwort nicht zugleich evident und unbeschreiblich? Unaussprechlich. Gibt das Gerüst der Negationen nicht eine ausreichende Vorstellung davon? Der Marxist sagt nichts darüber, und er kann nichts darüber sagen - die Perversion ist also vollständig. Die Mystische Theologie fährt wie folgt fort: "Und da wir nun in jenen obskuren Nebel eindringen, der über allem Verstand ist, so werden wir dort nicht nur eine Verkürzung der Rede, sondern ein völliges Fehlen von Worten und Gedanken.... finden; denn nun (da unser Diskurs) von unten nach oben steigt, wird er, je höher er steigt, kürzer und verhaltener, und wenn er so hoch hinaufgestiegen ist, wie er steigen kann, wird er ganz stumm werden und sich ganz mit Ihm vereinigen, der weder durch Diskurs verstanden noch erklärt werden kann."

* * *

Wer könnte diese Positionen allein aus der Philosophie heraus erklären? Natürlich könnten wir "technische Fehler" feststellen. Es bliebe zweifellos das Gewicht der "Systeme", die durch den Tod der Autoren und die dadurch entstandene Freiheit in ihrer Zahl einzigartig vergrößert wurden. Aber wer sieht nicht, dass solche Kritiken niemals die letzte Wurzel dieser Philosophien erreichen können? Wir haben es nicht mit rein zufälligen Irrtümern eines Denkens zu tun, das sich zu einer immer umfassenderen Wahrheit entwickelt, wie es bei der alten Weisheit der Fall war. Diese Irrtümer haben ihre Wurzeln im Begehren.

Die praktische Kraft, mit der diese Autoren und ihre Jünger an ihren Irrtümern festhalten, kann nur durch eine Liebe zu den Irrtümern erklärt werden, die so mächtig ist wie der Tod. Ich sage so mächtig wie der Tod, weil der Marxist sein ganzes Wesen opfern muss, er muss sich dem totalen Tod, der völligen Vernichtung seiner selbst stellen. Er muss kalt die vollkommenste Verzweiflung nähren. Sein stets zur Gewalttätigkeit neigendes Handeln führt nur zur totalen Zerstörung des Selbst. Für ihn wird der Tod so sein, als hätte es ihn nie gegeben. Keine Vergeltung, keine Gerechtigkeit, kein Mitleid. Er, der nur für sich selbst existierte, existiert, um nicht zu existieren. Werden seine mühsamen Bemühungen durch ein Erbe entschädigt, das er hinterlassen kann? Wer ist sein Erbe? Die Menschheit? Die Menschheit besteht aus einer Vielzahl von Selbsten, die alle das gleiche Ziel haben. Für jedes menschliche Individuum wird es bald so sein, als hätte es nie existiert. Was spielt es für eine Rolle, ob er handelt oder nicht, ob er gut oder schlecht handelt?

"Es ist doch wichtig!", wird jemand antworten. Es ist doch wichtig, zu handeln! Ist nicht gerade dies die wesentliche Bedingung für absolut freies menschliches Handeln? Schuldet der Mensch sich nicht diese absolute Großzügigkeit? Der wahre Marxist kann nur in der totalen Verneinung leben. Macht und Schwäche der Negation. Die Negation kann nicht alles zerstören. Sie findet Trost im Leben, sie begehrt dieses Leben so sehr, wie sie es erlaubt, zu verneinen. Möge es immer Dinge geben, damit die Negation leben kann! Sie verewigt sich im Tod, indem sie diese

Verneinung von einer Generation zur nächsten weitergibt. Großzügigkeit, geboren aus Hass und Verachtung. Heldentum, geboren aus totaler Kapitulation. In der *Ethik* ist diese Art von Heldentum das exzessive Gegenteil von Heldentum - es wird Bestialität genannt. [124]

Negation von was? Gegen wen sind wir wütend?
Amen, amen, ich sage euch: Wenn das Weizenkorn nicht in die Erde fällt und stirbt, bleibt es allein; wenn es aber stirbt, bringt es viel Frucht. Wer sein Leben liebt, der wird es verlieren; wer sein Leben in dieser Welt hasst, der wird es bewahren zum ewigen Leben.

Warum wird die Klugheit der Weisen dieser Welt den Massen vorgehalten? Was sehen sie in der Masse? Was wollen sie von den Unglücklichen? Die Frage ist treffend, denn die Weisen dieser Welt haben nie eine so tiefe Verachtung für eben diese Massen gezeigt, auch nicht für ihr rein materielles Wohl. Und warum nicht? Ein Mensch stirbt genauso wie ein Hund. Was kümmert es ihn, ob er existiert hat oder nicht? Weint man um den Tod eines Menschen? Man weint auch um Hunde.

Marx wagt es, diese heilige Stelle zu zitieren: "Lasst die Toten ihre Toten begraben und über sie weinen!"[125]

Was gibt es in den Massen, um die Aufmerksamkeit der Weisheit dieser Welt auf sich zu ziehen? Könnte die Klugheit ein passenderes Opfer für ihre Rache wählen? Diese Weisheit begehrt Macht. Was ist die Macht der unglücklichen Menge? Es ist wahr, dass in der Menge eine Macht der materiellen Zerstörung verborgen liegt, die erst im Begriff ist, ausgenutzt zu werden. Aber es gibt noch eine andere solche Macht: die Macht ihrer Schwäche. Denn der Allmächtige, der Herr der Barmherzigkeit, hat gesagt:
Ich habe Mitleid mit dieser Menge. Denn was die Welt für nichts hält, das hat Gott erwählt, um die Starken zu verwirren; und Gott hat das erwählt, was in der Welt unbedacht und ohne Macht ist, das, was nichts ist, um das, was ist, zu nichts zu reduzieren.

Wir werden hier Zeuge der höchsten Anstrengung, das Werk Gottes anzugreifen. Es besteht der Wunsch, die Demütigen von Ihm wegzunehmen, die, die vor dem Allmächtigen am mächtigsten sind - die wahre Macht der Schwachen. Sie sollen zum Stolz verführt werden, denn niemand ist der Barmherzigkeit unwürdiger als der, der sowohl stolz als auch elend ist. Sie werden mit der Philosophie der Weisen dieser Welt eingeschärft werden. "...Auch die Theorie", sagt Marx, "wird zu einer materiellen Kraft, wenn sie in die Massen eindringt. Die Theorie ist imstande, die Massen zu durchdringen, sobald sie Demonstrationen *ad hominem* macht, und sie macht Demonstrationen *ad hominem*, sobald sie radikal wird. Radikal zu sein heißt, die Dinge an der Wurzel zu packen. Und die Wurzel des Menschen ist der Mensch selbst." "Wie die Philosophie ihre materiellen Arme im Proletariat findet, so findet auch das Proletariat seine geistigen Arme in der Philosophie, und sobald der Gedankenblitz in den Grund dieses naiven Volksterrors...."[126] So wollen die Weisen dieser Welt die Parvuli durch dunkle Weisheit verführen. Sie rächen sich für die Verachtung ihrer Weisheit durch Gott. Hat Gott nicht die Weisheit dieser Welt mit Torheit verwirrt?

Ich preise Dich, Vater des Himmels und der Erde, weil Du diese Dinge den Weisen und Klugen verborgen hast und sie den Kleinen offenbart hast. Ja, Vater, ich segne Dich, weil es Dir gefallen hat, dies zu tun.

Die Intrigen und die Intelligenz des menschlichen Willens, von denen man glaubte, sie seien vom Übernatürlichen emanzipiert, sind in der Tat nicht mehr verständlich, außer als Simulationen von wirklich göttlichen Wahrheiten.[127] Wie kann man diese Überhöhung des Ungeformten erklären, außer als eine Perversion der Gehorsamskraft und der ganz besonderen Fähigkeit zur Überhöhung des am wenigsten vollkommenen intelligenten Geschöpfes? Warum dieser Versuch, die Worte unseres Denkens zu befreien? In Wahrheit ordnen wir die göttlichen Namen Gott insofern zu, als Er unsere Vorstellung von Ihm übertrifft. Wie sollen wir diese Vergöttlichung der Bewegung verstehen, sei es die wirkliche Bewegung, die unvollkommenste aller Handlungen, oder die ratiokinative Bewegung der Vernunft, die äußerste und zarteste Art des Denkens? Im Lichte der geoffenbarten Lehre ist diese Vergötterung nichts als eine verführerische Entweihung der Weisheit, die beweglicher ist als jedes bewegliche Ding. Die Idee des universalen Kampfes ist wiederum eine Simulation eines realen Zustandes, der in irgendeiner Weise sein Prinzip in der übernatürlichen Ordnung hat. Denn in der Tat, ohne Gnade wären die reinen Geister, die in ihrer Natur völlig bestimmt und unvollkommen sind, seit dem Morgen ihres Daseins immer in einem Zustand des ewigen Friedens geblieben. Ihre Ordnung wäre absolut unerschütterlich gewesen. Aber die Erhebung in die übernatürliche Ordnung durch die Gnade, die das Prinzip des Verdienstes ist, und die Ausübung einer Freiheit der Gegensätzlichkeit: sind das nicht die Ursachen des Sündenfalls und eines Kampfes, der die ganze Schöpfung erfasst hat, eines Kampfes, an dem Gott selbst durch das Opfer seines einzigen Sohnes teilnimmt? Und hat Gott nicht eine Feindschaft gesetzt zwischen dem Geschöpf, das er von Natur aus am intelligentesten und mächtigsten geschaffen hatte, und dem demütigsten der menschlichen Geschöpfe, die auf der untersten Stufe der unsterblichen Schöpfung stehen? Dass der Sieg das Werk der Schwachen sein soll, ist eine monströse Karikatur der Frau, die von Anfang an dazu bestimmt war, dem Herrn allen Hochmuts das Haupt zu zertreten.

Rein philosophische Weisheit ist nicht in der Lage, moderne Philosophien zu beurteilen. Die christliche Philosophie muss es tun. Die Modernen haben die Möglichkeit in Frage gestellt, dass die Philosophie die Dienerin einer höheren Wissenschaft sein könnte. Durch dieselbe Herausforderung haben sie geleugnet, dass es irgendein höheres Prinzip geben könnte als die Prinzipien, die für uns zuerst sind. Diese Infragestellung kann nicht folgenlos bleiben. Sie impliziert die Leugnung jeder wahren Weisheit. Der Mensch muss sogar die Natur leugnen. Und in der Tat, welche natürliche Wahrheit hat er nicht geleugnet?

Mit anderen Worten, die moderne Philosophie hat sich außerhalb der natürlichen Wahrheit entwickelt, das heißt außerhalb der Philosophie. Aber sie war nicht in der Lage, aus jener universelleren Ordnung zu entkommen, die uns der Glaube und die Theologie bekannt machen. Das göttliche Licht allein kann die Tiefe der Nacht erreichen, in die sich die Weisheit der Schlange geflüchtet hat - die Nacht, die ein Gegenbild der obskuren und kalkhaltigen Tiefe des unzugänglichen Lichts ist.

Anhang I: Persönliche Entfaltung

Wir halten die Notwendigkeit aufrecht, bestimmte Eigenschaften eines Individuums zu berücksichtigen, um entweder natürliche Neigungen und Begabungen zu fördern oder sie zu entmutigen, je nachdem sie gut oder schlecht sind. Aber es ist zu bemerken, dass es der Zweck ist, der der Grund für diese Notwendigkeit der Berücksichtigung der individuierenden Noten des Subjekts ist, in dem die Notwendigkeit liegt, und dass es der Zweck ist, der das Maß und das Kriterium dessen ist, was notwendig ist, um den Zweck zu erreichen. Kurz, es handelt sich um eine hypothetische Notwendigkeit, und nicht um eine solche, "dass das Notwendige als Zweck notwendig sei; denn das Notwendige ist auf der Seite der Materie gegeben (*ponitur ex parte materiae*), während der Grund der Notwendigkeit vom Zweck her gegeben ist. Denn wir sagen nicht, es sei notwendig, dass es einen bestimmten Zweck gibt, weil die Materie so und so ist, sondern im Gegenteil, es ist notwendig, weil der Zweck und die Form so sind, dass die Materie von solcher Art sein soll. Und so ist es, dass die Notwendigkeit in der Materie liegt (*ponitur ad materiam*), während der Grund der Notwendigkeit im Zweck liegt."[128]

Sofern man es in diesem Sinne versteht, gestehen wir die Notwendigkeit ein, die guten angeborenen Eigenschaften der Person in ihrer Ordnung zum Zweck zu respektieren. Dasselbe müsste man auch von der Familie oder der Nation sagen. Darin liegt eine gewisse Art von Erfüllung, da diese Eigenschaften aus der Natur kommen, die ein immanentes Wirkprinzip ist. Diese Erfüllung kann nichts anderes tun, als das Subjekt in ein besseres Verhältnis zu seinem Zweck setzen; der Zweck erfordert dieses Verhältnis und ist das erste Prinzip davon.

Aber die Humanisten, die den materiellen und effizienten Ursachen den Vorrang einräumen, verstehen es nicht so. Der einzelne Mensch ist durch das, was ihn persönlich kennzeichnet, selbst das Maß seines Zweckes; der Zweck, erstes Prinzip der Ordination des Menschen zum Zweck, wäre identisch mit der Ordnung selbst, die dem Menschen eingeschrieben ist. Die Vollendung des Zwecks bestünde dann für die Person darin, zu sich selbst zurückzukehren, sich in dem inneren Reichtum zu finden und zu erkennen, der ganz ihr eigen ist und durch ihre individuierenden Eigenschaften besiegelt wird. Sie wird selbst das erste Prinzip der Achtung und der Freiheit sein, die ihr in Bezug auf diese "Persönlichkeit" zustehen.

Daraus ergibt sich auch jene radikale Plurifikation der Zwecke, die der Humanismus lehrt, wie auch der Vorrang, den er der Kunst einräumt. Es ist ganz im Einklang mit dem Humanismus, die ersten Wurzeln, den fundamentalen Grund für den sozialen Charakter des Menschen nicht im Gemeinwohl, sondern in der poetischen Natur des Individuums zu sehen, in dem Bedürfnis, sich selbst auszudrücken und zu anderen zu sprechen unter dem Druck einer inneren Überfülle des reinen Selbst. Jeder Gegenstand wird dann zu einem Original-Mittel für ein Werk, das sein eigentliches erstes Prinzip im Ich hat. Sie verstehen, dass dann der andere Mensch notwendig ist, weil ich das Bedürfnis habe, mich hören zu lassen; weil ich jemanden brauche, der mich schätzt; ich brauche ein Personen-Subjekt. Kurzum, was mich betrifft, ist Ihre Daseinsberechtigung, damit Sie an meinem persönlichen Leben teilhaben können. Ist es wirklich ein Mann, der so spricht? Ist das nicht die Entschuldigung, die diejenigen, die praktisch Personalisten sind, für ihren paradoxen Schrecken vor der Einsamkeit und ihren unbändigen Wunsch, beteiligt zu sein, vorbringen würden? Deshalb hat der humanistische Lehrer ein größeres Verlangen zu lehren als sein Verlangen zu wissen. Sein Wissen hat als Ziel den Ausdruck seines Selbst; das Bedürfnis zu sprechen ist das eigentliche Prinzip seines Wissens. Und das ist ganz logisch. Ist seine Freiheit nicht dem Wissen vorgelagert? Ist sie nicht das tiefste Element seines *Ichs*?

Wie wir festgestellt haben, hat auch die Nation, verstanden im thomistischen Sinne von *patria*, ihr Recht auf die Erfüllung bestimmter ihrer Eigenarten. Das Gemeinwohl der Zivilgesellschaft erfordert die Achtung des Eigencharakters der Nation oder der Nationen, für die es wirklich das Gemeinwohl sein muss. Das Gemeinwohl erfordert keine Homogenität der Subjekte, sondern eher das Gegenteil. Aber wenn wir sagen, dass das Gemeinwohl der Zivilgesellschaft für die Nation ist, meinen wir nicht, dass letztere der Zweck der ersteren ist, oder dass das Gemeinwohl das reine Mittel zur Erfüllung der Nation ist. Das Gut der Zivilgesellschaft muss der Nation in dem Sinne angepasst sein, dass es "ihr" Gut sein muss. Daraus folgt nicht, dass das Erstere dem Letzteren untergeordnet ist. Das Wohl der Zivilgesellschaft dem Wohl der Nation unterzuordnen, bedeutet, die Vernunft der Natur unterzuordnen. Dann verfällt man in den irrationalen und voluntaristischen Nationalismus des *Diskurses zur deutschen Nation*. Die bürgerliche Gesellschaft wäre ein reines Mittel für die Nation, um ihre Nationalität zu erreichen, während in Wahrheit das Gut der bürgerlichen Gesellschaft göttlicher ist als das der Nation. Die Erfüllung der letzteren ist nicht einmal der eigentliche

Zweck der Nation, sondern bleibt in der Ordnung der Dispositionen und Mittel.

Anhang II: Jeder Mensch wünscht sich sein Gutes

Jeder Mensch begehrt sein Gut insofern, als er seine Vollkommenheit begehrt. Wir haben gesehen, dass "sein Gut" von einem fremden Gut unterschieden wird, von dem Gut eines anderen, das einfach als solches betrachtet wird. Das Gut eines Menschen, "sein Gut", schließt nicht einfach das Eigengut der einzelnen Person ein; "sein Gut" schließt, als ein würdigeres und göttlicheres, das Gemeinwohl ein. Wenn wir "sein Gut" auf das Eigengut der singulären Person beschränken, berauben wir den Menschen dessen, was für ihn sein höchstes Gut ist. Die Person würde auf den Zustand eines Tieres reduziert werden. Er könnte das Gemeinwohl, das als Gemeinwohl betrachtet wird, weder verfolgen noch verteidigen. Der Egoismus wäre vollkommen im Einklang mit der Vernunft. Die Aufopferung der einzelnen Person für das Gemeinwohl hätte ihr Prinzip und ihren Begriff in der Eigenliebe des Menschen, einfach als Mensch betrachtet.

Und doch haben gewisse Personalisten, naiver als andere, nicht gezögert, sich diese sehr logische und vollkommen unwürdige Schlussfolgerung zu eigen zu machen. Betrachten Sie *The Theory of Democracy*, von Mortimer Adler und R. P. Walter Farrell, in *The Thomist*, 1942, Bd. IV, Nr. 2.

"Kurz, jeder Akt der Gerechtigkeit impliziert eine Beziehung zum Gemeinwohl und ist, wie es paradox erscheint, gerade dadurch egoistisch, weil das Gemeinwohl kein Selbstzweck ist; es ist ein Mittel für das individuelle Glück, das jeder Mensch verfolgt, das er aber nicht erreichen und besitzen kann außer durch Tugend, einschließlich der Gerechtigkeit. Daraus folgt, dass keine auf Gerechtigkeit gegründete Verpflichtung einen Menschen vom Streben nach seinem eigenen Glück zum Streben nach einem fremden Gut abbringen kann, es sei denn, diese Verpflichtung ist ein Teil seines individuellen Gutes oder ein Mittel zu dessen Erreichung."(S. 323-24). "Wie wir gesehen haben, sind die Absichten der natürlichen Gerechtigkeit egoistisch. Sie zielen nicht auf das Wohl eines anderen Menschen als anderen, sondern nur als einen Teil der Gemeinschaft, der für das eigene Wohl erhalten werden muss. Weiter, wie die natürliche Gerechtigkeit und die natürliche Liebe egoistisch sind, so ist auch keine von ihnen heroisch. Weder das eine noch das andere führt den Menschen zum Märtyrertum. Obwohl die natürliche Liebe weniger selbstsüchtig ist als die Gerechtigkeit, weil sie eine gewisse Selbstvergessenheit mit sich bringt, und obwohl die natürliche Liebe, anders als die Gerechtigkeit, den Menschen zur Großzügigkeit des Opfers treibt, bleibt sie doch eine unvollkommene Art des Handelns, bei der der Handelnde immer die Vervollkommnung seiner selbst sucht, während er gleichzeitig die Vervollkommnung des anderen sucht, und den anderen in der Tat als eine Erweiterung seiner selbst betrachtet - wie ein Alter Ego. In diesem Sinne weichen die Triebe der natürlichen Liebe niemals von der Grundtendenz des natürlichen Begehrens ab, die darin besteht, für alle Dinge ihre eigene Vollkommenheit zu suchen." (S. 329-30)

Und in einer Anmerkung (256) fügen sie hinzu:
"Man kann einwenden, dass Heldentum in heidnischen Gesellschaften eine unleugbare Tatsache ist - dass die griechische und römische Literatur zum Beispiel reich an Beispielen von Männern ist, die aufrichtig ihr Leben für ihr Land in militärischen Unternehmungen opfern. Solches Heldentum lässt sich noch mit dem heidnischen Glauben an die Unsterblichkeit der Seele und an die den Helden vorbehaltenen Belohnungen in den elysischen Feldern des zukünftigen Lebens erklären. Und heute kann man die Japaner als Beispiel für ein Volk anführen, in dem man Helden findet - Männer, die für das Wohl ihres Landes beinahe Selbstmord begehen und aus "religiösem" Glauben an den Kaiser so handeln. Aber wenn man genauer hinsieht, glaubt man zu sehen, dass solch ein Heldentum eine Fälschung ist und dass es kein Opfer beinhaltet, weil es nicht das Vergessen des Selbst beinhaltet; die Heldentat wird um einer Belohnung willen vollbracht - entweder ein höherer Rang unter den toten Schatten oder ein glänzenderer und langanhaltender Name und Ruf im Gedächtnis der Menschen. Das vorherrschende Motiv bei den Alten waren nicht die Privilegien und Freuden, die den Tapferen auf den elysischen Feldern zuteilwerden. Selbst abgesehen von diesen Mythen über das zukünftige Leben und diesem dünnen 'Glauben' an eine unsterbliche Seele, wäre der heidnische 'Held' von der Sorge um seinen Ruf bewegt worden - Stolz auf sich selbst und seine Familie, der durch diese Art von 'Unsterblichkeit' befriedigt werden musste, die ein Mann genießt, wenn er in den Annalen seines Volkes geehrt wird."

Diese Meinung, die es nicht verdient, widerlegt zu werden, wird für alle zukünftigen Zeiten ein Zeugnis für die Tiefe sein, in die wir gefallen sind. Dieser beklagenswerten Meinung können wir eine Gewissheit entgegensetzen, die ebenfalls aus unserer Zeit stammt und von vollkomme-

ner praktischer Richtigkeit ist. Sie ist einem Brief entnommen, der in den letzten Stunden vor dem Fall von Bataan geschrieben wurde und der in der *Washington Daily News* erschien:
"Ich habe gesehen, wie schreckliche Dinge geschehen sind, aber ich habe auch bewundernswerte Taten von Mut, Aufopferung und Loyalität gesehen. Endlich habe ich das gefunden, wonach ich mein ganzes Leben lang gesucht habe: eine Sache und eine Aufgabe, in der ich mich völlig verlieren kann und der ich jedes Quäntchen meiner Kraft und meiner Gedanken widmen kann. Die Angst vor dem Tod habe ich geistig und seelisch überwunden. Mein Gebet am Abend und am Morgen ist, dass Gott Ihnen, die Sie so viel mehr leiden als ich, seine Kraft und seinen Frieden schickt. In diesen beiden letzten Monaten habe ich an einer der kooperativsten und uneigennützigsten Bemühungen teilgenommen, die je von einer Gruppe von Individuen geleistet wurde. Es wurden Fehler begangen, aber das hat nichts mit der Art und Weise zu tun, in der meine Kameraden in Bataan, sowohl philippinische als auch amerikanische, auf ihre Feuertaufe reagiert haben. Wenn man in Friedenszeiten mit demselben Eifer an die Verbesserung der Welt herangehen würde, was für eine gute Welt hätten wir dann. (*The Reader's Digest*, September 1942, S. 14.)

Da ist die Liebe zum Gemeinwohl.

Anhang III: Nebukadnezar, Mein Diener

"Aber die bösen Fürsten selbst sind die Diener Gottes, denn es ist durch eine Anordnung Gottes, dass sie Fürsten sind, um Strafen zu verhängen, obwohl das nicht ihre Absicht ist, gemäß der Stelle in Jesaja, X, 7: *Wehe Assur, Rute meines Zorns! Die Rute, die in seiner Hand ist, ist das Werkzeug Meines Zorns. Ich sende ihn gegen ein gottloses Volk, Ich gebe ihm Meinen Befehl gegen das Volk Meines Zorns, um es zu verderben und zu plündern und es zu zertreten wie den Schlamm auf den Straßen. Aber so versteht er es nicht, und das ist nicht der Gedanke in seinem Herzen; denn er will nur verderben, und nicht wenige Völker ausrotten.* Und Jeremia, XXV, 9: *Ich sende nach allen Stämmen des Septentrions und bringe sie zu Nebukadnezar, dem König zu Babel, meinem Knecht; ich bringe sie gegen dieses Land und gegen seine Bewohner und gegen alle umliegenden Völker, die ich mit einem Bannfluch belege und aus denen ich eine Einöde, einen Gegenstand des Spottes, ein ewiges Verderben machen will.* Und auch, weil diese schlechten Fürsten manchmal, wenn

Gott es zulässt, die Guten bedrängen, was sich zum Guten der letzteren wendet, nach diesen Worten: *Wir wissen außerdem, dass denen, die Gott lieben, alle Dinge zum Guten gereichen.*" (St. Thomas, *In Epist. ad Romanos*, c. xiii, 3, lect. 1.)

"Der Wille, zu schaden, kommt vom Menschen selbst, aber die Macht, zu schaden, kommt von Gott, der es erlaubt (*a Deo permittente*). Und Gott erlaubt nicht, dass der Böse so viel Schaden anrichtet, wie er will, sondern er setzt eine Grenze. *Bis hierher sollst du kommen und nicht weiter; hier hört der Stolz deines Stromes auf.* (Hiob XXXVIII, 11). Und so hat der Teufel Hiob nicht geschadet, außer in dem Maß, das Gott zugelassen hat. Ebenso hat Arius der Kirche keinen Schaden zugefügt, außer in dem Maße, wie Gott es erlaubte. In der Apokalypse VII sagt der Engel *(zu den vier Engeln, denen es gegeben war, der Erde und dem Meer zu schaden, mit diesen Worten:) Tut der Erde, dem Meer und den Bäumen nichts Böses, bis wir die Diener unseres Gottes mit einem Siegel an der Stirn gekennzeichnet haben.*" *In II ad Tim.*, c. iii, lect. 2.

Anhang IV: Ludwig Feuerbach interpretiert den heiligen Thomas

Feuerbach, von dem Marx und Engels ihren absoluten Humanismus übernommen haben, betrachtet das authentische christliche Denken als in der Entwicklung zu seinem eigenen, eigentlichen *Anthropotheismus* befindlich. In *Das Wesen des Christenthums*[129] stellt er die Auffassung der Christen derjenigen der Alten über das Verhältnis des menschlichen Individuums zu seiner ganzen Art, zur ganzen Gesellschaft und zum Universum gegenüber.

"Die Alten", sagt er, "opferten das Individuum der Gattung; die Christen opfern die Gattung dem Individuum. Oder: das Heidentum begriff und betrachtete das Individuum einzig als einen Teil, der in seiner Unterscheidung vom Ganzen seiner Gattung gesehen wird; das Christentum dagegen begreift das Individuum einzig in seiner Einheit, die unmittelbar ist und sich nicht vom Ganzen unterscheidet." (p. 211)

Feuerbach gibt sich Mühe, den hl. Thomas zu benutzen, wenn er kann, und sich auf ihn zu stützen, wenn auch natürlich nur, um über ihn hinauszugehen. [130]So findet er es notwendig, die Lehre in *I Pars* q. 60, a. 5

zu erklären. Hier scheint der hl. Thomas mit Aristoteles ganz einverstanden zu sein: das Wohl des Ganzen ist besser als das Wohl des Teils allein. Aber, so Feuerbach, es ist anders, wenn Thomas sich in die übernatürliche Sichtweise stellt und als Theologe spricht. Die Person ist dann nicht nur ein Individuum, sondern ein Ganzes und ein Absolutes. Hier ist, wie er die Frage präsentiert.

Bekanntlich sagt Aristoteles in seiner *Politik* ausdrücklich, dass der Einzelne, da er sich selbst nicht genügt, in seinem Verhältnis zum Staat wie der Teil zum Ganzen steht...--Es ist wahr, dass auch die Christen "das Einzelne opferten", womit hier das Singuläre als Teil des Ganzen, des Gemeinwesens gemeint ist. "Der Teil", sagt der heilige Thomas, einer der größten christlichen Denker und Theologen, "opfert sich durch natürlichen Instinkt für die Erhaltung des Ganzen. Jeder Teil liebt von Natur aus das Ganze mehr als sich selbst. Und jedes Einzelwesen liebt von Natur aus das Wohl seiner Art mehr als das eigene Wohl oder Wohlergehen. Jedes Wesen liebt daher auf seine Weise und von Natur aus Gott, der das allgemeine Gut ist, mehr als sich selbst." (*Summae* P. I Qu. 60 Art. V.) In dieser Perspektive denken die Christen also wie die Alten. St. Thomas lobt (*de Regim. Princip.* 1. III. c. 4.) die Römer, weil sie ihr Land über alles stellten und ihr eigenes Wohl dem Wohl des Landes opferten. Und doch gelten alle diese Gedanken und Sätze für den Christen nur auf der Erde, und nicht im Himmel; in der Moral, und nicht in der Dogmatik; in der Anthropologie, und nicht in der Theologie. Als Gegenstand der Theologie ist das Individuum das singuläre übernatürliche Wesen, unsterblich, selbstgenügsam, absolut, göttliches Wesen. Der heidnische Denker Aristoteles erklärte die Freundschaft (*Ethic.* L. 9, c. 9) für notwendig zum Glück; der christliche Denker St. Thomas von Aquin denkt nicht so. "Die Gesellschaft der Freundschaft ist nicht notwendigerweise für die Seligkeit erforderlich, denn der Mensch findet die Fülle seiner Vollkommenheit in Gott." "Gäbe es also nur eine einzige Seele, die sich des Besitzes Gottes erfreut, so wäre diese Seele auch ohne einen anderen zu lieben glücklich. (*Prima Secundae.* Qu. 4. 8.) So betrachtet sich der Heide auch im Zustande der Glückseligkeit als ein Individuum, als ein Einzelner und bedarf folglich eines anderen, ihm ähnlichen Wesens seiner Art; der Christ dagegen hat kein anderes Ich nötig, denn der Einzelne ist nicht nur ein Individuum, sondern auch eine Gattung, ein allgemeines Wesen, da er "die Fülle seiner Vollkommenheit in Gott" und damit in sich selbst besitzt. (p. 212). [131]

Es gibt Dinge, die wir in dieser Darstellung in Frage stellen könnten; aber lassen Sie uns direkt zum wesentlichen Punkt kommen. Gibt es einen solchen Gegensatz zwischen dem Standpunkt des hl. Thomas in der *Prima Pars* q. 60 einerseits und *Ia IIa* q. 4 andererseits? Es wäre lächerlich zu sagen, dass der hl. Thomas im ersten Fall einen rein natürlichen Standpunkt einnimmt, oder dass er in der ersten Passage nur die geschaffene Person betrachtet, insofern diese als ein Teil des Universums betrachtet werden kann, während er in den *Ia IIae* die Dinge von einem übernatürlichen Standpunkt aus betrachtet, in dem die Person im Gegenteil als Ganzes betrachtet werden sollte. Das würde eine seltsame Auffassung des Themas der *Summa* und der Reihenfolge ihrer Abhandlungen implizieren.

Feuerbach muss auf diese Unterscheidung zurückgreifen, weil er nicht sieht, dass es etwas ganz anderes ist, von dem Ganzen und gegen seine Teile abhängig zu sein, als das Gut des Ganzen zu erlangen. Der wesentliche Grund, warum wir jede geschaffene Person einen Teil nennen, liegt darin, dass ihr höchstes Gut mit dem Gut der einzelnen Person als solcher inkommensurabel ist; vielmehr ist die menschliche Person als Einzelperson ein Ganzes. Keine geschaffene Person ist als singuläre Person mit dem absolut universellen Gut in Proportion oder Verhältnis zu ihrem eigentlichen Gut. Sonst wäre jede Person Gott. Und in der Tat, für Feuerbach ist der Mensch Gott.

Wie kommt dieser Philosoph zu der Vergöttlichung des Menschen? Die romantische Philosophie vergöttlicht das verworrene Universale, und was wir *in causando* das Universale nennen, wäre dann nur eine Manifestation davon. Der Begriff 'Tier' wäre voller als die Begriffe Mensch und Tier, weil er letztere einschließt und ihr 'Übergeordnetes' ist. Die Vorrangigkeit nach der Ordnung der Potentialität wird in absolute Vorrangigkeit umgewandelt. Deshalb wird der Mensch zum Ersatz für Gott.

Für Hegel, wie es zweifellos auch für David von Dinant galt, ist das Sein ein *summum genus*, und dieses Genus ist die erste Erklärung aller Dinge. In der Tat ist dieses hegelsche Sein nichts anderes als das, was wir "das erste Bekannte" nennen, d. h. das allgemeinste Prädikatswesen, der unbestimmteste, der verworrenste, der oberflächlichste Begriff, den man sich denken kann, der reinste potentielle Begriff, der die reine Potentialität des unvollkommensten Intellekts, den es geben kann, am besten widerspiegelt, der am unmittelbarsten die reine ursprüngliche Subjektivität unseres intelligenten Selbst bedeutet. Durch die Bewegung der Vernunft wird das Hegelsche Wesen mit der Natur derjenigen Kraft ausgestattet, die Akt ist. Die Dialektik hat die Funktion, den unendlichen Reichtum des Seins deutlich zu machen. Die reine Potentialität stellt sich als Ersatz für die reine Aktualität dar. Es ist das reine Unbestimmte, das diese Fruchtbarkeit hat, die wir dem reinen Akt zuschreiben.

Gleichwohl, was ist dieses *summum genus*? Die Frage ist angebracht. Feuerbach identifiziert ausdrücklich die Unendlichkeit der Gattung mit dem allgemeinsten Prädikat Sein; er identifiziert die reine Allgemeinheit des letzteren mit dem Subjektsein der Metaphysik; das Subjektsein der Metaphysik mit der Fülle des Seins, mit Gott, in dem der Gedanke mit dem Sein identisch ist; und da wir sind, was wir wissen, wird die Fülle des Seins nichts anderes sein als das eigentliche Sein des Menschen. Gott ist also nichts anderes als der Mensch. Jedes einzelne menschliche Wesen ist zugleich Teil und Ganzes, bloßes Individuum und Gott. Als Individuum ist der Mensch begrenzt; als richtig bewusstes Wesen ist er unbegrenzt, unendlich. "Bewusstsein im eigentlichen und strengen Sinne und Bewusstsein des Unendlichen sind untrennbar; begrenztes Bewusstsein ist nicht Bewusstsein; Bewusstsein ist wesentlich allumfassende und unendliche Natur. Das Bewusstsein des Unendlichen ist nichts anderes als die Unendlichkeit des Bewusstseins. Oder: im Bewusstsein des Unendlichen ist das Bewusstsein der Unendlichkeit des eigenen Wesens (des Selbst) der Gegenstand." (p. 26).

Aber Feuerbach achtet darauf, die historischen Wurzeln seiner Konzeption zu beachten. Er zitiert für jede seiner grundlegendsten Behauptungen den heiligen Thomas. Zugegeben, wenn man sich erst einmal auf diese krude Totaladäquation zweier Arten von Universalität eingelassen hat, ist nichts leichter, als bestimmte Texte des heiligen Thomas zugunsten von Feuerbachs Anthropotheismus zu wenden. Ist der Wissende nicht der Gewusste? Ist die Seele nicht in gewisser Weise alle Dinge? Ist es nicht wahr, dass der Intellekt alles Sein einschließt? Ist der Intellekt nicht eine *virtus infinita*? Ist das Objekt dieser *virtus* nicht das *verum universale*? Ist der Gegenstand unseres individuellen Willens nicht das *universale bonum*? Wie könnte der Mensch so betrachtet ein Teil sein?

Auch Feuerbach erkennt, dass "der Mensch nichts ist ohne einen Gegenstand". Solange der Mensch sich nicht als unbegrenzte Gattung erkennt, solange er sich nicht in seiner reinen Universalität erkennt, ist er nichts. Ist er dann auf einen Gegenstand angewiesen? Gewiss. Das Objekt muss erobert werden; das Selbst muss erobert werden. Solange der Gegenstand des Menschen als außerhalb des Menschen gedacht wird, begreift der Mensch sich als begrenzt; er bleibt ein bloßes Individuum, nur der Teil eines Ganzen; er entfremdet sich in einem fremden Gott, dem Gott der Religion. Gott muss der Mittelpunkt des Menschen sein, der Mensch der Mittelpunkt seiner selbst; der Mensch muss zu sich selbst zurückkehren wie zu seiner eigenen Quelle. "Der Gegenstand, auf den sich ein Subjekt wesentlich und notwendig bezieht, ist nichts anderes als das eigene Wesen des Subjekts, diesmal als gegenständliches Wesen betrachtet." (S. 28) "Das absolute Wesen, der Gott des Menschen, ist das eigentliche Wesen des Menschen. Die Macht des Objekts über den Menschen ist folglich die Macht seines Eigenwesens." (p. 30)

Der deutsche Philosoph glaubt auch, die Antinomie zwischen Katholizismus und Protestantismus überwinden zu können, indem er letzteren zu seiner letzten Konsequenz treibt. "Im Katholizismus existiert der Mensch für Gott, im Protestantismus existiert Gott für den Menschen. (p. 436). Die Geschichte des Christentums hat als Hauptergebnis die Offenbarung dieses Geheimnisses gehabt: die Erkenntnis und das Wissen der Theologie als Anthropologie." (p. 435)

Die Lehre Feuerbachs ist nicht humanistisch in dem Sinne, dass sie den Angelegenheiten des Menschen, wie sie im gewöhnlichen Sinne verstanden werden, den Vorrang gibt. Ebenso vermeidet er den vulgären Atheismus. Sein Gott ist der Gott, der für die Juden, die Philosophen und die Christen nur noch ein Traum war. "Ich sage keineswegs - das wäre viel zu einfach -, dass Gott nicht existiert, dass die Dreifaltigkeit nicht existiert, dass das Wort Gottes nicht existiert usw.; ich sage nur, dass sie nicht das sind, was die Illusionen der Theologie aus ihnen machen, - dass sie keine fremden Mysterien sind, sondern Mysterien in uns (einheimische), Mysterien der menschlichen Natur." (p. 15). Der Gott der Religion ist ein äußerer Gott, dem sich der Mensch als ein begrenztes Wesen unterwirft; er ist die Unendlichkeit des entfremdeten Menschen. In der Religion ist der Mensch sich seiner selbst noch nicht unmittelbar bewusst geworden; die Religion ist der Zustand des kindlichen Wesens des Menschen. (p. 39). Der Gott des Anthropotheismus hingegen ist ein Gott, der dem Menschen vollkommen angemessen geworden ist. Er ist der Mensch, der sich von den Grenzen seiner Individualität emanzipiert hat. Er ist das eigentliche Herz des Menschen.

In der Theologie, die offen Anthropologie geworden ist, dürfen der Pelagianer und der Augustiner nicht mehr versteckt sprechen. Beide haben ihre Qualitäten und ihre Defizite. Im Grunde läuft der Unterschied zwischen ihnen nur auf eine 'fromme Illusion' hinaus. "Der Unterschied zwischen Augustinismus und Pelagianismus besteht einzig und allein darin, dass der erste nach dem religiösen Modus ausdrückt, was der Zweite nach dem rationalistischen Modus ausdrückt. Beide sagen dasselbe; beide machen dem Menschen das Gute zu eigen - der Pelagianismus aber tut dies direkt und auf rationalistische, moralistische Weise, der Augustinismus dagegen indirekt, auf mystische, d.h. religiöse Weise. Der Pelagianismus leugnet Gott, leugnet die Religion,--*isti tantam tribuunt potestatem voluntati, ut pietati auferant rationem* (Augustinus, *De Nat. et Grat. Contra Pelagium*, c. 58)-- er gründet sich nur auf den Schöpfer, also auf die Natur, und nicht auf den Erlöser...- kurz, er leugnet Gott, er setzt den Menschen als Gott ein, insofern er den Menschen zu einem Wesen macht, das Gott nicht nötig hat, das sich selbst genügt und unabhängig ist. ... Der Augustinismus ist einfach ein umgekehrter Pelagianismus; was der eine als Subjekt aufstellt, stellt der andere als Objekt auf." (p. 59)

Feuerbachs Anthropotheismus geht weit über den Pelagianismus hinaus. Letzterer behauptete die Integrität und Selbstgenügsamkeit der menschlichen Natur; er leugnete die Macht des Bösen. Der erstere hingegen schließt das Böse ein und sucht darin eine Tiefe, die den Menschen mit Gott vergleichbar macht. "Das menschliche Elend ist der Triumph der göttlichen Barmherzigkeit; die Zerknirschung über die Sünde bewirkt die innige Freude an der göttlichen Heiligkeit." (p. 308). [132] Feuerbachs Vorstellung, dass seine Philosophie in der Religion bereits vorgebildet ist, beweist sich, wie er meint, am eindrucksvollsten in der Liebe Gottes zum Menschen, die in der Menschwerdung zum Ausdruck kommt. Hier ist eine weitere dieser Passagen, in denen die erhabenste Wahrheit mit dem widerlichsten Sophismus verunreinigt wird:

„Der klarste und unanfechtbarste Beweis dafür, dass der Mensch in der Religion sich selbst als göttliches Objekt, als göttliches Ziel betrachtet, dass also der Mensch in der Religion nur auf sich selbst bezogen ist - der klarste und unanfechtbarste Beweis für all dies ist die Liebe Gottes zum Menschen, der Grund- und Mittelpunkt der Religion. Für den Menschen entäußert sich Gott seiner Göttlichkeit. Die erhebende Wirkung der Menschwerdung besteht gerade darin: Das höchste Wesen, das keine Not kennt, erniedrigt sich, erniedrigt sich für den Menschen. So sehe ich in Gott die Vision meines eigentlichen Wesens; ich habe Wert für Gott; der göttliche Sinn meines eigentlichen Wesens wird so offenbart. Wie könnte man den Wert des Menschen höher ausdrücken als so: Gott wird Mensch für den Menschen, der Mensch ist der Zweck, das Objekt der göttlichen Liebe? Die Liebe Gottes zum Menschen ist eine wesentliche Bestimmung des göttlichen Wesens. Gott ist ein Gott, der mich liebt, der den Menschen über alles liebt. Da liegt der Akzent, und darin besteht die tiefe Ergriffenheit der Religion. Die Liebe Gottes bringt mich dazu, auch zu lieben; die Liebe Gottes zum Menschen ist die Grundlage der Liebe des Menschen zu Gott; die göttliche Liebe bewirkt, erweckt die menschliche Liebe. *Lasst uns also Gott lieben, da Gott uns zuerst geliebt hat.* (I Johannes iv, 19) Was ist es in Gott, das ich liebe? Es ist die Liebe, und zwar die Liebe zum Menschen. Wenn ich aber die Liebe, mit der Gott den Menschen liebt, liebe und anbete, liebe ich dann nicht den Menschen; ist meine

Liebe nicht, wenn auch indirekt, die Liebe zum Menschen? Und ist daher der Mensch nicht der Inhalt Gottes, wenn Gott den Menschen liebt? Und ist das, was ich liebe, nicht das, was mir selbst am innigsten ist? Habe ich ein Herz, wenn ich nicht liebe? Nein! Die Liebe allein ist das Herz des Menschen. Aber was ist die Liebe ohne die Sache selbst, die ich liebe? Das, was ich so liebe - das ist es, was mein Herz ist, mein Inhalt, meine Wesenheit." (p. 95).

Man kann diese Blasphemien nicht lesen, ohne zu erschaudern. Aber wir müssen uns dennoch mit ihnen auseinandersetzen. Der Mensch erhält also nach dieser Ansicht seine wahre Größe nicht dadurch, dass Gott sich für ihn erniedrigt hat; Gott hat sich wegen der Güte des Menschen erniedrigt und entäußert; er wurde zuerst durch die Güte dieses Geschöpfes, das er geschaffen hat, zum Menschen hingezogen; der Mensch, so müssen wir sagen, blieb im Grunde so liebenswert, dass Gott ihn nicht in diesem Zustand des Elends lassen konnte, in den ihn die schädliche Nachsicht Adams versetzt hatte; das zu tun, wäre mit der Würde seines Geschöpfes unvereinbar gewesen; es wäre ungerecht gewesen. Gott hat uns zuerst geliebt: das heißt also, dass Gott uns zuerst entdeckt hat; wenn seine Liebe die Grundlage der unsrigen ist, so wird die Erstere formal als Liebe zum Menschen betrachtet. Die Menschwerdung hätte zum Ziel gehabt, dem Menschen zu helfen, sich seiner eigentlichen Größe und seiner eigenen Kräfte bewusst zu werden. Es war das Zerreißen des Schleiers, der den Menschen von sich selbst trennte. Die Dinge, die Gott erwählt hat, wären nur zum Schein die Dinge, die nicht sind - *ea quae non sunt*. Barmherzige Erhebung? Im Grunde war es nur das Mitleid, das der Mensch sich selbst gegenüber empfand, das ihn rettete; Gott wäre nur ein Werkzeug der Barmherzigkeit des Menschen sich selbst gegenüber. In Wahrheit erlöste sich das elende Wesen selbst, erhob sich durch die Kraft seiner Ohnmacht, durch die Stärke seiner Schwäche, wie Marx wiederholt.

Diese Autoren haben für uns den Vorteil, *in angulis* zu sprechen. Dazu muss diese perverse Introversion unweigerlich geführt haben, dieses Bemühen, das reine Selbst in seiner radikalsten Subjektivität zu genießen. Da der Mensch für das göttliche Leben auserwählt ist, was gibt es an ihm, das der Schöpfer des Menschen selbst anziehend finden kann? Sicherlich nicht die Dinge *qui sunt*. Liegt die Größe des Menschen also nicht in den Dingen, die in ihm nicht sind? Ist es nicht gerade seine besondere Ungestaltbarkeit, sein Nicht-Sein, das die Aufmerksamkeit Gottes erregt? Ist das, was im Menschen ist, nicht einfach ein Defekt seines Nichtseins? Seht das Böse, jenen positiven Aspekt, der in der Entbehrung wurzelt und der den Menschen für eine größere Macht öffnen soll.

Macht es uns dann mit Gott vergleichbar? Und so begegnen wir in unserem Nichtsein dem Sein? Das wahre Sein des Menschen wird mit seinem Nichtsein identifiziert.

"Die Passion", fährt Feuerbach fort, "ist eine wesentliche Bedingung des menschgewordenen Gottes, oder mit anderen Worten des menschlichen Gottes, also Christi. Die Liebe offenbart sich im Leiden. Alle Gedanken und alle Gefühle, die prinzipiell zu Christus gehören, führen auf die Idee des Leidens zurück. Gott als Gott ist die Summe aller menschlichen Vollkommenheit; Gott als Christus ist die Summe allen menschlichen Elends. Die heidnischen Philosophen feierten die Aktivität, besonders die Selbsthaltigkeit des Intellekts als höchste Aktivität, als göttliche Aktivität; die Christen feierten das Leiden und setzten das Leiden sogar in Gott. Während Gott als *Actus purus*, als reine Tätigkeit, der Gott der abstrakten Philosophie ist, ist Christus, im Gegensatz dazu, der Gott der Christen, *Passio pura*, reines Leiden - der höchste metaphysische Gedanke, das höchste Wesen des Herzens." (p. 97).

Hätte man geglaubt, dass der Mensch bis zu diesem Punkt gehen würde, um seine Seele zu besitzen, ohne sie zu verlieren, um sie von sich und für sich zu besitzen? Und ist das nicht das Werk des Wunsches, sozusagen hinter sich zu kommen, wo der Mensch seine eigene Freiheit besitzen wird, wo er sich selbst in den Händen hält, wo er sich hält, wie Gott ihn hält, wo er die Erkenntnis von Gut und Böse hat? "Der Mensch sündigte hauptsächlich", sagt der heilige Thomas, "indem er wünschte, Gott in der Erkenntnis von Gut und Böse zu gleichen, die ihm die Schlange versprach, und die ihn fähig machen würde, moralisch gut und böse für sich selbst zu entscheiden, oder wiederum das Gute und Böse, das ihm widerfahren könnte, vorauszusehen. Er sündigte sekundär, indem er wünschte, Gott in der richtigen Handlungsfähigkeit ähnlich zu sein, um die Seligkeit kraft seiner eigenen Natur zu erlangen, durch jene persönliche Kraft, von der Eva die Liebe in ihrer Seele hatte, wie Augustinus sagt. "[133]

Der Mensch etabliert sich so als ein Absolutes, selbst um den Preis einer Identifikation des Seienden mit dem, was ihm am fernsten ist. Es gibt Überraschung über die Tatsache, dass Feuerbach auch ein Materialist war. Aber es sollte beachtet werden, dass die Antinomie zwischen modernem Idealismus und Materialismus nur an der Oberfläche liegt. Der absolute Idealismus Hegels ist in Wirklichkeit materialistischer als der Materialismus von Marx. Denn das Hegelsche Sein, das ein Extrem der Unbestimmtheit ist, hat viel mehr den Charakter der Materie als die Materie der physikalischen Ordnung; es ist unendlich ärmer als die Urmaterie. Und in der Tat ist die spekulative Vernunft Hegels in Wirklichkeit eine durch und durch praktische Vernunft, die sich mit dem transzendentiell *faktischen* Sein beschäftigt. Die sogenannte Hegelsche Spekulation ist wirklich eine Revolte gegen die praktische Wahrheit, gegen die Konditionierung dieser Wahrheit durch die Geradheit des Strebens.

Hier sind wir voll auf dem Weg, den David von Dinant eröffnet hat, "der auf die dümmste Weise postulierte, dass Gott die Urmaterie sei", und den der heilige Albert als "vollendete Dummheit" charakterisierte.[134]

Anhang V: Die Revolution der Naturphilosophen

In seinem Werk *Ludwig Feuerbach* schreibt F. Engels, der die deutsche Revolution mit der französischen Revolution vergleicht:

„Genau wie in Frankreich im achtzehnten Jahrhundert ging die philosophische Revolution im neunzehnten Jahrhundert in Deutschland der politischen Revolution voraus. Aber was für ein Unterschied zwischen den beiden! Die Franzosen mit offenen Armen gegen alle offizielle Wissenschaft, gegen die Kirche, oft sogar gegen den Staat, ihre Werke jenseits der Grenze, in Holland oder England gedruckt, und selbst nicht selten auf dem Weg in die Bastille. Die Deutschen dagegen waren Professoren, ernannte Lehrer der Jugend, ihre Werke als Lehrbücher anerkannt, und das System, das die ganze Entwicklung krönt, das von Hegel, sogar in gewisser Weise in den Rang einer offiziellen Philosophie des preußischen Königtums erhoben! Und hinter diesen Professoren, hinter ihren pedantischen und obskuren Ausführungen, in ihren schweren und langweiligen Vorlesungen sollte die Revolution versteckt werden. Die Männer, die damals als Vertreter der Revolution galten, waren sie nicht gerade die erbittertsten Gegner dieser Philosophie, die in den Köpfen der Menschen Unruhe säte? Was aber weder die Regierung noch die Liberalen sahen, das sah wenigstens ein Mann schon 1833. Sein Name war zwar Heinrich Heine.“ [135]

Engels spielt zweifellos auf Heines *Zur Geschichte der Religion und Philosophie in Deutschland* an, in dem er seine Überlegungen mit den folgenden Bemerkungen über den zerstörerischen Charakter von Kants *Kritik* und des scheinbar losgelösten und harmlosen Systems von Hegel abschließt:[136]

„Wenn man aus dem philosophischen Baume solche betrübende Torheiten sprießen sah, die zu vergifteten Blumen erblühten; wenn man besonders bemerkte, dass die deutsche Jugend, von metaphysischen Abstraktionen verdorben, die dringlichsten Interessen der Zeit vergaß, und dass sie im praktischen Leben ungeübt geworden war, dann müssen die Patrioten und die Freunde der Freiheit einen gerechten Groll gegen die Philosophie empfunden haben, und manche gingen sogar so weit, ihre Verbindungen mit ihr zu brechen, wie mit einem frivolen Spiel, dessen Ergebnisse unfruchtbar sind.

Wir sind nicht so töricht, diejenigen ernsthaft zu widerlegen, die solche Unzufriedenheit gezeigt haben. Die deutsche Philosophie ist eine wichtige Angelegenheit, die die ganze Menschheit betrifft, und unsere Großneffen allein werden entscheiden können, ob wir Lob oder Tadel verdienen, weil wir zuerst unsere Philosophie und danach unsere Revolution überarbeitet haben. Es scheint mir, dass ein methodisches Volk, wie wir es sind, mit der Reform beginnen, sich dann mit der Philosophie befassen und erst nach Durchlaufen dieser vorhergehenden Phasen zur politischen Revolution gelangen sollte. Ich finde diese Reihenfolge völlig vernünftig. Die Köpfe, die die Philosophie zum Nachdenken eingesetzt hat, kann die Revolution nach Belieben abschneiden; aber die Köpfe, die die Revolution bereits zerstört hat, wird die Philosophie niemals benutzen können. Und doch, meine lieben Landsleute, seid nicht beunruhigt; die deutsche Revolution wird weder leichter noch süßer sein, weil ihr die *Kritik* Kants, der transzendentale Idealismus Fichtes und die Naturphilosophie vorausgegangen sind. Diese Doktrinen haben revolutionäre Kräfte entwickelt, die nur auf den richtigen Augenblick warten, um zu explodieren und die Welt mit Schrecken und Staunen zu erfüllen. Dann werden Kantianer auftauchen, die in der Welt der Ereignisse ebenso wenig von Frömmigkeit reden hören wollen wie in der Welt der Ideen, und sie werden ohne Gnade mit Axt und Schwert die Sonne unseres europäischen Lebens umstürzen, um die letzten Wurzeln der Vergangenheit auszureißen. Auf demselben Schauplatz werden bewaffnete Fichteaner erscheinen, deren Fanatismus des Willens weder durch Furcht noch durch Interesse überwunden werden wird; denn sie leben im Geiste und verachten die Materie, wie die ersten Christen, die sich weder durch körperliche Strafen noch durch irdische Genüsse abschrecken ließen. In der Tat wären solche transzendentalen Idealisten bei einem sozialen Aufstand unnachgiebiger als die ersten Christen; denn letztere ertrugen das Martyrium, um zur himmlischen Seligkeit zu gelangen, während der transzendentale Idealist das Martyrium als eine reine Erscheinung betrachtet und sich in der Festung seines Gedankens unzugänglich hält. Am schlimmsten aber wären die Naturphilosophen, die in eine deutsche Revolution mit Taten eingreifen und sich mit dem

Werk der Zerstörung identifizieren würden; denn wenn die Hand des Kantianers sicher und kräftig zuschlägt, weil sein Herz von keiner traditionellen Ehrfurcht bewegt wird; wenn der Fichteaner von Herzen alle Gefahren verachtet, weil sie für ihn in Wirklichkeit gar nicht bestehen; so wird der Naturphilosoph furchtbar sein, weil er mit den Urkräften der Erde in Verbindung steht, weil er die in der Tradition verborgenen Kräfte beschwört, weil er die Kräfte des ganzen deutschen Pantheismus heraufbeschwören und darin jene Kampfeslust erwecken kann, die wir bei den alten Deutschen finden; weil er kämpfen will, nicht um zu zerstören, auch nicht um zu erobern, sondern einfach um zu kämpfen. Das Christentum hat diese brutale Kampfeslust der Deutschen bis zu einem gewissen Grade gemildert; aber es konnte sie nicht zerstören, und wenn das Kreuz, der Talisman, der ihn niederbindet, zerbrochen ist, dann wird die Wildheit der alten Kämpfer, der frenetische Überschwang der Berserker, den die nordischen Dichter noch heute singen, wieder überströmen. Dann - und ach, der Tag wird kommen - werden sich die alten kriegerischen Gottheiten aus ihren sagenhaften Gräbern erheben, werden sich den uralten Staub von den Augen wischen; Thor wird sich mit seinem Riesenhammer erheben und die gotischen Kathedralen niederreißen... Wenn ihr das Getöse und den Tumult hört, seid auf der Hut, liebe Nachbarn in Frankreich, und haltet euch fern von dem, was wir hier in Deutschland tun; es könnte euch schaden. Versuchen Sie nicht, das Feuer zu löschen; Sie könnten sich die Finger verbrennen. Lachen Sie nicht über diese Ratschläge, auch wenn sie von einem Träumer kommen, der Sie auffordert, den Kantianern, den Fichteanern und den Naturphilosophen zu misstrauen; lachen Sie nicht über diesen launischen Dichter, der erwartet, in der Welt der Ereignisse die gleiche Revolution zu sehen, die im Bereich des Geistes stattgefunden hat. Der Gedanke geht der Tat voraus, wie der Blitz dem Donner vorausgeht. Der Donner in Deutschland ist getreu der deutschen Art: er ist nicht schnell und flink, und kommt etwas langsam rollend; aber er wird kommen, und wenn Sie einen Donnerschlag hören, wie er in der Weltgeschichte noch nie gehört worden ist, so wissen Sie, dass der deutsche Donner endlich sein Ziel erreicht hat. Auf dieses Geräusch hin werden die Adler tot von den Höhen fallen, und die Löwen in den entlegensten Wüsten Afrikas werden ihren Schwanz senken und sich in ihre königlichen Höhlen zurückziehen. Es wird sich in Deutschland ein Drama abspielen, gegen das die französische Revolution wie eine unschuldige Romanze wirken wird. Es ist wahr, dass heute alles ruhig ist, und wenn Sie hier und da ein paar Männer sehen, die etwas lebhaft gestikulieren, glauben Sie nicht, dass sie die Schauspieler sind, die eines Tages die Revolution darstellen sollen. Sie sind nur die Hunde, die in der leeren Arena laufen, bellen und ein paar Bisse austauschen, bevor der Moment kommt, in dem die Truppe der Gladiatoren eintritt, die bis zum Tod kämpfen werden.

Und diese Stunde wird kommen. Die Menschen werden als Zuschauer in einem Amphitheater zusammenkommen, rund um Deutschland, um die großen und schrecklichen Spiele zu sehen. Ich warne Sie, Franzosen, verhalten Sie sich dann sehr ruhig, und seien Sie vor allem sicher, dass Sie applaudieren. Wir könnten eure Absichten leicht falsch deuten und euch nach unserer unhöflichen Art ziemlich brutal zurückschicken; denn wenn wir vorher, in unserem Zustand der Indolenz und Unfreiheit, unsere Kräfte mit den euren gemessen haben, so können wir es in der arroganten Trunkenheit unserer jungen Freiheit noch viel mehr tun. Ihr wißt selbst, was man in einem solchen Zustande tun kann, und ihr seid nicht mehr in diesem Zustande, ...also seid vorsichtig! Ich habe nur gute Absichten, und ich sage Euch bittere Wahrheiten. Ihr habt von dem ausgelieferten Deutschland mehr zu befürchten als von der ganzen heiligen Allianz mit allen Kroaten und allen Kosaken. Zunächst werden Sie in Deutschland nicht gemocht, was fast unbegreiflich ist, denn Sie sind doch sehr sympathisch, und Sie haben sich während Ihres Aufenthaltes in Deutschland bemüht, wenigstens der besten und nettesten Hälfte des deutschen Volkes gefällig zu sein; aber auch wenn diese Hälfte der Bevölkerung Sie mögen mag, so ist es doch gerade die Hälfte, die keine Waffen trägt, und deren Freundschaft Ihnen wenig nützen wird. Warum Sie nicht gemocht werden, habe ich nie erfahren. Eines Tages sagte in einem Wirtshaus in Göttingen ein junger Altdeutscher, dass das Leiden des Konradin von Hohenstaufen, den Sie in Neapel enthauptet haben, durch das Blut der Franzosen gerächt werden sollte. Das ist wohl etwas, was Sie längst vergessen haben; aber was uns betrifft, so vergessen wir nichts. Ihr seht, wenn in uns der Wunsch aufsteigt, es mit Euch zu treiben, wird es uns nicht an deutschen Motiven fehlen. Auf jeden Fall rate ich Ihnen, auf der Hut zu sein; was auch immer in Deutschland geschieht, ob der königliche Prinz von Preußen oder Dr. Wirth die Diktatur erhält, bleiben Sie bewaffnet und standfest auf Ihrem Posten, und die Waffen sind bereit. Ich habe nur gute Absichten gegen Sie, und ich erschrak fast, als ich kürzlich hörte, dass Ihre Minister vorschlugen, Frankreich zu entwaffnen ....

Trotz Ihrer gegenwärtigen Romantik sind Sie klassisch geboren, und so kennen Sie den Olymp. Unter den freudigen Gottheiten, die sich dort an Nektar und Ambrosia erfreuen, kennen Sie eine Göttin, die inmitten dieser angenehmen Vergnügungen dennoch einen Brustpanzer, einen Helm auf dem Kopf und einen Speer in der Hand bewahrt.

Sie ist die Göttin der Weisheit. [137]

* * *

Allerdings scheint der deutsche Dichter, nach dem ziemlich konkreten Charakter dieser Vatikanisierung zu urteilen, ein wenig besessen gewesen zu sein. Dennoch wollen wir sehen, ob wir einen der häufigsten Gründe für diese Wut der Naturphilosophen finden können.

Am Anfang von Buch II der *Physik* wird die Natur so definiert: "Prinzip und Ursache der Bewegung und der Ruhe des Dings, in dem es sich befindet, zuerst, *per se* und nicht *per accidens*". Im Laufe desselben Buches wird gezeigt, dass die Natur für einen Zweck handelt, der das erste Prinzip, die erste Ursache, der Natur selbst ist. Im Lichte dieser Demonstration definiert St. Thomas die Natur als: "eine Vernunft (*ratio, logos*), die durch die göttliche Kunst in die Dinge gelegt wurde, damit sie für einen Zweck handeln." (*ebd.*, lect. 14; auch XII Metaph., lect. 12). Denn das Handeln zu einem Zweck setzt den Intellekt voraus, oder zumindest eine Beteiligung am Intellekt. Die Natur im eigentlichen Sinne ist also ein Ersatz für den Intellekt. *Ratio indita rebus ab arte divina*, selbst die irrationalste Natur, ist immer noch ein göttlicher *Logos*. Selbst das rein materielle Prinzip, das passive Prinzip der natürlichen Dinge, ist, da es auch richtig Natur ist, wie ein göttliches Wort. [138]

Das Ziel der Naturphilosophie ist es, diese göttlichen *logoi* und den Zweck, der jede von ihnen spezifiziert und den sie hervorrufen, bis zu ihrer letzten spezifischen Konkretion zu kennen; das natürliche Wesen, dessen Form trennbar und der Begriff aller anderen Naturen ist, vollkommen zu kennen, so wie es Aristoteles im selben Buch der *Physik* (Kap. 2) sowie im ersten Buch von *De Partibus Animalium* (Kap. 5) sagt. Dieses Ziel ist jedoch nur eine dialektische Grenze für das Studium der Natur, ein Begriff, dem wir uns unaufhörlich nähern können, den wir aber nie adäquat erreichen können.

Beachten Sie, dass die Rolle von Hypothesen in dem Maße zunimmt, in dem wir uns den Dingen in ihrer Konkretion nähern. Es gibt in der Hypothese nicht nur den Aspekt, der der experimentellen Bestätigung bedarf, sondern auch die tiefere Tendenz, die Erfahrung vorwegzunehmen und als Schlussfolgerung abzuleiten. Angesichts der Methode, die wir auf dem Weg zu dieser ultimativen Konkretion anwenden müssen, würde es genügen, diese Tendenz zu isolieren, um im Grenzfall ein Universum zu haben, das ganz und gar von uns selbst geschaffen wäre. So betrachtet, ist die Grenze, zu der die experimentelle Wissenschaft tendiert, die Bedingung eines Demiurgen. Die Methode der Erfindung von

Gründen, die die Erfahrung vorwegnehmen, ist eine Methode der Rekonstruktion. In dieser sehr präzisen Hinsicht abstrakt betrachtet, ist das Universum zu rekonstruieren in gewisser Weise, es zu konstruieren. [139] Und wenn *per impossibile* diese Grenze erreicht werden könnte, wäre das Universum nichts als eine Projektion unserer eigenen *logoi*. Aber um diese Grenze zu erreichen, müssten wir eine praktische Kenntnis der natürlichen Dinge haben; es wäre notwendig, dass die Naturen selbst für uns operable Dinge sind. [140]

Es muss gesagt werden, dass sich die Renaissance dieser Rolle der Hypothese sehr bewusst wurde, obwohl ihre bedeutendsten Denker keinen exakten Begriff der wissenschaftlichen Hypothese formulierten. Sie erkannten jedoch den antizipativen und kreativen Aspekt der Hypothese. Sie verherrlichten die Fruchtbarkeit des schöpferischen Intellekts, eine Fruchtbarkeit, zu der eine praktische Macht über die Dinge hinzukam. In dieser Perspektive, so scheint mir, muss man das Primat des cartesianischen *Cogito* sehen. Die Begeisterung wuchs in dem Maße, in dem die Anwendung der Methode der Grenzen, die aus dem Platonismus geboren und von Nikolaus von Kues säkularisiert wurde, weiter ausgedehnt wurde. Im Grunde genommen ist diese Methode die Grundlage jeder Hypothese.

Wir haben schon gesagt, dass der Versuch, den ganzen Kosmos als ein großes Strömen, als einen unermesslichen Strom zu sehen, der unaufhörlich aus einem einzigen *Logos*, aus einer ersten Vernunft, überfließt, in dem die Naturen wie fließende Strudel sind, sehr lobenswert, ja wesentlich für eine sapientielle Anschauung ist, vorausgesetzt, dass man die Grenzen und Bedingungen dieser Methode anerkennt. Aber der Naturalismus - ich verstehe Naturalismus im tiefen Sinne im Gegensatz zum vulgären Naturalismus eines mechanistischen Materialismus zum Beispiel - versucht, diese Methode bis zu dem Punkt zu treiben, an dem unsere Gründe die Naturen ersetzen, mit anderen Worten, bis zu dem Punkt, an dem die göttlichen *logoi* eliminiert werden. Und das ist in der Tat das, was Hegel zu erreichen versuchte.

"Also", sagt Marx, "die Metaphysiker, die, indem sie diese Abstraktionen machen, sich einbilden, dass sie die Dinge analysieren, und die in dem Maße, wie sie sich mehr und mehr von den Gegenständen lösen, sich einbilden, dass sie sich ihnen nähern, bis sie sie durchdringen, diese Metaphysiker haben ihrerseits Recht zu sagen, dass die Dinge hier unten Stickereien sind, deren logische Kategorien die Leinwand sind. Das ist der Unterschied zwischen dem Philosophen und dem Christen. Der Christ hat nur eine einzige Inkarnation des *Logos*, trotz der Logik; der Philosoph hört nie auf, Inkarnationen zu haben." (*a.a.O.*, S. 64)

Hegel erkannte nicht, dass er für die Deduktion jeder Art diese Art nicht anders als voraussetzen konnte, so wie bei der Geraden, deren Begriff ihrem absolut vorausgeht, wobei letztere nie etwas anderes als phänomenal ist. Es ist wahr, dass die dialektische Vernunft den Verstand voraussetzt, aber es ist der erstere, der immer die Wurzel des letzteren sein wird. [141]

Wenn man von dieser Methode die Ergebnisse erwartet, die der Hegelianer von ihr erwartet, erweist sie sich als ebenso steril, wie sie bei richtigem Verständnis fruchtbar ist. Marx hat diese Sterilität klar erkannt. Das Studium der Natur kann niemals auf das Primat der sinnlichen Erfahrung verzichten. Die Ansprüche der idealistischen Deduktion sind nichts als "heuchlerische Wendungen der Spekulation, die *a priori* konstruiert. (*a.a.O.*, S. 47) Er hat auch klar erkannt, dass alle diese Konstruktionen unseres Denkens nur den Charakter von Mitteln haben. Hegel überwindet die Naturen an sich nur auf eine rein scheinbare Weise.

Für uns haben diese Zwischenkonstruktionen als ihre Grenze die göttlichen Naturen, die göttlichen *logoi*, die zukunftsträchtigen Gründe, die für uns nicht operabel sind, auch wenn mit der Annäherung an sie unsere praktische Macht über die Welt unaufhörlich wächst. Marx hat ebenso viel gegen die Natur an sich wie Hegel, aber er begnügt sich nicht damit, sie nur phänomenal zu erobern; er sucht eine praktische Eroberung. Und in Wahrheit könnte es keine andere Eroberung geben. Die Natur als Ding an sich, als ein Objekt, das sich der Macht entzieht, stellt für Marx also eine fremde Macht dar. Alles, was eigentlich Natur ist, ist ein Hindernis, aber ein nützliches und notwendiges Hindernis. Das Ding an sich muss durch uns und für uns in ein Ding verwandelt werden. Die idealistische Auflösung ist nicht insofern schlecht, als sie eine Auflösung ist; sie ist schlecht, weil sie die Dinge unter dem Vorwand, dass sie wenigstens als Dinge von uns sind, bleiben lässt. Das ist eine Illusion. Die idealistische Dialektik zögert vor der praktischen, konkreten Zerstörung, die der Sieg über fremde Kräfte erfordert.

"In ihrer 'mystifizierten' Form", sagt Marx, "war die Dialektik eine deutsche Mode, weil sie die bestehenden Dinge zu verklären schien. In ihrer rationalen Form ist sie den Bourgeois und ihren doktrinären Wortführern ein Skandal und ein Gräuel, weil sie im positiven Verständnis der existierenden Dinge zugleich das Verständnis ihrer Negation, ihrer notwendigen Zerstörung impliziert, weil sie alle Formen im Gang der Veränderung, folglich von ihrer vergänglichen Seite her begreift, sich von nichts aufdrängen lässt, wesentlich kritisch und revolutionär ist." (*a.a.O.*, S. 68).

Das ist es, was der Marxismus der Hegelschen Philosophie verdankt: die Macht der Auflösung, aber bis an ihre Grenze getrieben. "Es gibt nichts", sagt Engels, "was vor ihr endgültig, absolut oder heilig bleibt; sie zeigt den vergänglichen Charakter aller Dinge und in allen Dingen, und nichts existiert für sie als der ununterbrochene Prozess des Werdens und des Vergänglichen, des unendlichen Aufsteigens des Niederen zum Höheren, von dem sie selbst überdies nur ein Abglanz im denkenden Geist ist. Er hat zwar auch eine konservative Seite; er erkennt die Berechtigung bestimmter Entwicklungsstufen des Wissens und der Gesellschaft für ihre Epoche und ihre Bedingungen an, aber nur in diesem Maße. So gesehen ist der Konservatismus relativ; sein revolutionärer Charakter ist absolut - und zwar das einzige Absolute, das er stehen lässt." (*a. a. O.*, S. 13). [142]

Angesichts dieses aufbegehrenden Intellekts muss die Welt der Naturen in funktionsfähige Materie umgewandelt werden, und der Widerstand der Naturen muss als Hebel für eine gegen die Naturen selbst gerichtete Handlung dienen. Alles, was dazu neigen würde, den Charakter einer natürlichen Stabilität zu haben, alles, was einer Natur helfen würde, sich zu vervollkommnen oder zu vervollständigen, wird so zu einem Zwang für unsere Freiheit, zu einem Hindernis, das es zu überwinden gilt; daher muss nicht nur die ganz natürliche Gesellschaft der Familie, sondern sogar die politische Gesellschaft, deren Wurzeln natürlich sind, ausgerottet werden.

Dem Wort muss man folgen in allem, was es spricht, in allem, was es gemacht hat, bis an die äußersten Grenzen der Schöpfung. Jedes Wort Gottes wird die Stille unserer Nacht stören - wie ein Donnerschlag.

Wir sagen: "bis an die äußersten Grenzen der Schöpfung". Der Naturphilosoph wird also selbst die schwächste Ursache, die unbestimmte, aus Zufall und Glück bestehende Ursache, die "ohne Grund" (*paralogon*)[143] ist, ergreifen, er wird sie rationalisieren, damit die Welt wirklich die unsere ist und nichts unserer Herrschaft entgehen kann. Vor allem wird er dies tun, um die Existenz der unaussprechlichen Vorsehung zu leugnen, die in jenen zufälligen Ereignissen, deren bestimmte Ursache allein die Vorsehung ist, um so auffallender ist. Die profane Vernunft wird an die Stelle der die Geschichte beherrschenden Vernunft treten. Der Marxismus wird also ein historischer Materialismus sein. Das Urteil der Geschichte wird das Urteil Gottes verdrängen.

Es ist eine schreckliche Idee. Und die Revolution der Naturphilosophen ist in der Tat auch schrecklich. Diejenigen, die anders denken, sind ihre sichersten Instrumente - die Lauwarmen, die aus dem Mund Gottes erbrochen werden.

Endnoten

[1] Karl Marx, *Morceaux choisis*, ed. N.R.F., p. 37.

[2] "... quia videntes dignitatem suam, appetierunt singularitatem, quae maxime est propria superborum ... (recusat diabolus beatitudinem supernaturalem) habere sine singularitate propria, sed communem cum hominibus; ex quo consecutum est quod voluerit specialem super eos habere praelationem potius quam communicationem, ut etiam Divus Thomas fatetur in hac quaestione I, XIII, n. 3, in calce. Accedit ad hoc auctoritas S. Gregorii papae, ... 'Angelos perdidisse participatam celsitudinem, quia privatam desideraverunt', id est, recusarunt caelestem beatitudinem, quia participata et communis erat multis et solum voluerunt privatam, scilicet quatenus privatam, et propriam, quia prout sic habebat duas conditiones maxime opportunas superbiae, scilicet singularitatem, seu nihil commune habere cum inferioribus, quod ipsis vulgare videbatur, etiamsi esset gloria supernaturalis, et non habere illam ex speciali beneficio, et gratia et quasi precario: hoc enim maxime recusant superbi, et maxime recusavit Angelus. Et ad hoc pertinet parabola illa Lucae XIV, de homine qui fecit coenam magnam, et vocavit multos, et cum vocasset invitatos coeperunt se excusare: ideo enim fortassis recusaverunt ad illam coenam venire, quia magna erat, et pro multis, dedignantes consortium habere cum tanto numero, potiusque eligerunt suas privatas commoditates, licet longe inferiores, utpote naturalis ordinis, iste quia villam emit, ille quia juga boum, alius quia uxorem duxerat, unusquisque propriam excusationem praetendens, et privatum bonum, quia proprium, recusans vero coenam, quia magnam, et multis communem. Iste est propriissime spiritus superbiae." John of St. Thomas, *Curs. Theol.* ed. Vives, V. IV, d. 23, n. 3, nn. 34-5 pp. 950-1. "... quia suam naturam, et propriam excellentiam judicabat non haberi ex speciali gratia, et beneficio Dei, sed jure creationis, nec ut multis communem, sed sibi singularem..." *ibid.*, n. 40, p. 955.--"Angelus in primo suo peccato inordinate diligens bonum spirituale nempe suum proprium *esse*, suamque propriam perfectionem, sive beatitudinem naturalem ... ita voluit, ut simul ex parte modi volendi, quamvis non ex parte rei volitae, per se voluerit aversionem a Deo, et non subjici ejus regulae in prosecutione suae celsitudinis..." Salmanticenses, *Curs. Theol.*, ed. Palme, V. IV, d. 10, dub. 1, p. 559b.

[3] S. Thomas, *IIIa Pars*, q. 8, n. 7, c.

[4] John of S. Thomas, *loc. cit.*, n. 39, p. 954.

[5] "... quanto aliqua causa est altior, tanto ejus causalitas ad plura se extendit. Habet enim causa altior proprium causatum altius quod est communius et in pluribus inventum." S. Thomas, *In VI Metaph.*, Lect. 3, n. 1205.

[6] "Manifestum est enim, quod unaquaeque causa tanto prior est et potior quanto ad plura se extendit. Unde et bonum, quod habet rationem causae finalis, tanto potius est quanto ad plura se extendit. Et ideo, si idem bonum est uni homini et toti civitati: multo videtur majus et perfectius suscipere, idest procurare et salvare illud quod est bonum totius civitatis, quam id quod est bonum unius hominis. Pertinet quidem ad amorem, qui debet esse inter homines, quod homo conservet bonum etiam uni soli homini. Sed multo melius et divinius est, quod hoc exhibeatur toti genti et civitatibus. Vel aliquando amabile quidem est quod exhibeatur uni soli civitati, sed multo divinius est, quod hoc exhibeatur toti genti, in qua multae civitates continentur. Dicitur hoc autem esse *divinius,* eo quod magis pertinet ad Dei similitudinem, qui est ultima causa omnium bonorum. Hoc autem bonum, scilicet quod est commune uni vel pluribus civitatibus, intendit methodus, idest quaedam ars, quae vocatur civilis. Unde ad ipsam maxime pertinet considerare finem ultimum humanae vitae: tamquam ad principalissimam." *In I Ethic.*, Lect. 2, n. 30. --Compare this text to the following passage from Lorenzo Valla's *De Voluptate*, in which he replies to the question *An moriendum sit pro aliis* (L. II, c. 2): "Ich bin nicht verpflichtet, für einen Bürger zu sterben, auch nicht für zwei, auch nicht für drei, und so weiter bis ins Unendliche. Wie könnte ich verpflichtet sein, für das Vaterland zu sterben, das die Summe all dieser Bürger ist? Ändert die Tatsache, dass ich einen weiteren hinzufügen kann, die Qualität meiner Verpflichtung?" Apud P. Monnier, Le Quattrocento, 8. Aufl., Paris, 1924, Bd. I, S. 46. "Die Humanisten", sagt Cino Rinuccini, "verstehen nichts von Hauswirtschaft. Sie leben töricht, ohne sich um die väterliche Ehre oder das Wohl der Kinder zu kümmern. Sie wissen nicht, welche Regierung die beste ist, die eines Einzelnen oder die von vielen, die von vielen oder die von wenigen. Sie fliehen vor der Müdigkeit, behaupten, dass das, was der Allgemeinheit dient, niemandem dient, verteidigen die Republik nicht wie eine Garnison und verteidigen sie auch nicht mit Waffen. Und schließlich vergessen sie, dass ein Gut umso göttlicher ist, je mehr es gemeinschaftlich ist. (Ne si ricordano che quanto il bene e piu comune, tanto a piu del divino.)" *Ibid.*, p. 332.

[7] III Contra Gentiles, c. 24:

Bonum suum cujuslibet rei potest accipi multipliciter:

Uno quidem modo, secundum quod est eius proprium ratione individui. Et sic appetit animal suum bonum cum appetit cibum, quo in esse conservatur.

Alio modo, secundum quod est eius ratione speciei. Et sic appetit proprium bonum animal inquantum appetit generationem prolis et eius nutritionem, vel quicquid aliud operatur ad conservationem vel defensionem individuorum suae speciei.

Tertio vero modo, ratione generis. Et sic appetit proprium bonum in causando agens aequivocum: sicut caelum.

Quarto autem modo, ratione similitudinis analogiae principiatorum ad suum principium. Et sic Deus, qui est extra genus, propter suum bonum omnibus rebus dat esse.

[8] "(Quodlibet singulare naturaliter diligit plus bonum suae speciei quam bonum suum singulare." *Ia*, q. 60, n. 6, ad 1.

[9] "*Nec obstat* fundamentum P. Suarez, quia videlicet nutritio ordinatur ad propriam conservationem in se, generatio autem in alieno individuo; magis autem inclinatur unumquodque in bonum proprium quam in alienum, quia amicabilia ad alterum oriuntur ex amicabilibus ad se. *Respondetur* enim, inclinatur aliquid magis in bonum proprium, ut distinguitur contra alienum, non contra bonum commune. Ad hoc enim major est ponderatio quam ad proprium, quia etiam proprium continetur sub communi et ab eo dependet, et sic amicabilia ad alterum oriuntur ex amicabilibus ad se, quando est alterum omnino alienum, non quando est alterum quasi bonum commune et superius, respectu cujus haec maxima non currit." John of St. Thomas, *Curs. Phil.*, V. III, (Reiser), p. 87a.

[10] "... natura reflectitur in seipsam non solum quantum ad id quod est ei singulare, sed multo magis quantum ad commune: inclinatur enim unumquodque ad conservandum non solum suum individuum, sed etiam suam speciem. Et multo magis habet naturalem inclinationem unumquodque in id quod est bonum universale simpliciter." *Ia*, q. 60, a. 5, ad 3.

[11] *III Contra Gentiles*, c. 112.

[12] *Q. D. de Veritate*, q. 2, a. 2, c.

[13] "Quanto aliquid est perfectioris virtutis et eminentius in gradu bonitatis, tanto appetitum boni communiorem habet et magis in distantibus a se bonum quaerit et operatur. Nam imperfecta ad solum bonum proprii individui tendunt; perfecta vero ad bonum speciei; perfectora vero ad bonum generis; Deus autem, qui est perfectissimus in bonitate, ad bonum totius entis. Unde non immerito dicitur a quibusdam quod bonum, inquantum huiusmodi, est diffusivum: quia quanto aliquid invenitur melius, tanto ad remotiora bonitatem suam diffundit. Et quia in quolibet genere quod est perfectissimum est exemplar et mensura omnium quae sunt illius generis, oportet quod Deus qui est in bonitate perfectissimus et suum bonitatem commissime diffundens, in sua diffusione sit exemplar omnium bonitatem diffundentium." *III Contra Gentiles*, c. 24.

[14] "Cum affectio sequatur cognitionem, quanto cognitio est universalior, tanto affectio eam sequens magis respecit bonum commune; et quanto cognitio est magis particularis, tanto affectio ipsam sequens magis respicit privatum bonum; unde et in nobis privata dilectio ex cognitione sensitiva exoritur; dilectio vero communis et absoluti boni ex cognitione intellectiva. Quia ergo angeli quanto sunt altiores, tanto habent scientiam magis universalem ... , ideo eorum dilectio maxime respicit commune bonum. *Q. D. de Spir. creat., n. 8, ad 5.*

[15] "Magis ergo diligunt se invicem, si specie differunt, quod magis pertinet ad perfectionem universi ... quam si specie convenirent, quod pertineret ad bonum privatum unius speciei.

[16] *XII Metaph.*, c. 10, 1075a5.

[17] "Solange sich die Menschen in natürlicher Gesellschaft befinden, solange also eine Divergenz zwischen dem Partikular- und dem Allgemeininteresse besteht, solange also die Tätigkeit nicht freiwillig, sondern von Natur aus geteilt wird, wird die eigentliche Aufgabe des Menschen für ihn zu einer fremden und feindlichen Kraft, die ihn eher unterjocht als von ihm beherrscht wird. Sobald nämlich die Arbeitsteilung einsetzt, hat jeder Mensch einen bestimmten und ausschließlichen Tätigkeitsbereich, der ihm aufgezwungen wird und dem er nicht entkommen kann; er ist Jäger, Fischer, Pfarrer oder Kritiker und muss es bleiben, wenn er nicht die Existenzmittel verlieren will; während in der kommunistischen Gesellschaft, in der jeder Mensch keinen ausschließlichen Tätigkeitsbereich hat, sondern sich in jedem beliebigen Zweig entfalten kann, die Gesellschaft die allgemeine Produktion beherrscht und mir so erlaubt, heute das eine und morgen das andere zu tun...." Marx, Morceaux choisis, N.R.F. Ausgabe, S. 203.[18] "Amare bonum alicujus civitatis ut habeatur et possideantur, non facit bonum politicum; quia sic etiam aliquis tyrannus amat bonum alicujus civitatis ut ei dominetur; quod est amare seipsum magis quam civitatem; sibi enim ipsi hoc bonum concupiscit, non civitati. Sed amare bonum civitatis ut conservetur et defendatur, hoc est vere amare civitatem; quod bonum politicum facit, in tantum quod aliqui propter bonum civitatis conservandum vel ampliandum, se periculis mortis exponant et negligant privatum bonum. Sic igitur amare bonum quod a beatis participatur ut habeatur vel possideatur, non facit hominem bene se habentem ad beatitudinem, quia etiam mali illud bonum concupiscunt; sed amare illud bonum secundum se, ut permaneat et diffundatur, et ut nihil contra illud bonum agatur, hoc facit hominem bene se habentem ad illam societatem beatorum; et haec est caritas, quae Deum per se diligit, et proximos qui sunt capaces beatitudinis, sicut seipsos." *Q. D. de Carit.*, a. 2, c.

[19] "... sic enim et populus totus erit quasi unus tyrannus. *de Regno*. c. 1.

[20] "Proprium autem bonum hominis oportet diversimode accipi, secundum quod homo diversimode accipitur. Nam, proprium bonum hominis inquantum homo, est bonum rationis eo quod homini esse est rationale esse. Bonum autem hominis secundum quod est artifex, est bonum artis, et sic etiam secundum quod est politicus, est bonum ejus bonum commune civitatis." *Q. D. de Carit.*, a. 2, c.

[21] "... ad hoc quod aliquis sit bonus politicus, requiritur quod amat bonum civitatis. Si autem homo, inquantum admittitur ad participandum bonum alicujus civitatis, et efficitur civis alicujus civitatis, competunt ei virtutes quaedam ad operandum ea quae sunt civium et ad amandum bonum civitatis, ita cum homo per divinam gratiam admittitur in participationem coelestis beatitudinis, quae in visione et fruitione consistit, fit quasi civis et socius illius beatae societatis, quae vocatur coelestis Jerusalem secundum illud Ephes. II, 19: *Estis cives sanctorum et domestici Dei*." *Ibid.*

[22] "Unde homini sic ad caelestiam adscripto, competunt quaedam virtutes gratuitae, quae sunt virtutes infusae, ad quarum debitum operationem praeexigitur amor boni communis toti societati, quod est bonum divinum, prout est beatitudinis objectum. *Ibid.*

[23] "... cum nullum meritum sit sine caritate, actus virtutis acquisitae non potest esse meritorius sine caritate.... Nam virtus ordinata in finem inferiorem non facit actum ordinatum ad finem superiorem, nisi mediante virtute superiori: sicut fortitudo, quae est virtus hominis qua homo, non ordinat actum suum ad bonum politicum, nisi mediante fortitudine quae est virtus hominis in quantum est civis." *Q. D. de Virtut.*, a. 10, ad 4.--"Dicit ergo primo (Philosophus), quod neque etiam fortitudo est circa mortem quam aliquis sustinet in quocumque casu vel negotio, sicut in mari vel in aegritudine; sed circa mortem quam quis sustinet pro optimis rebus, sicut contingit cum aliquis moritur in bello propter patriae defensionem ... quia mors quae est in bello est in maximo periculo, quia de facili ibi moritur homo; etiam est in periculo optimo, quia homo pericula sustinet hic propter bonum commune, quod est optimum.... Virtus autem est circa maximum et optimum...." *In III Ethic.* lect. 14, nn. 537-8.

[24] "... eminentem obtinebunt coelestis beatitudinis gradum, qui officium regium digne et laudabiliter exequuntur. Si enim beatitudo virtutis est praemium, consequens est ut majori virtuti major gradus beatitudinis debeatur. Est autem praecipua virtus qua homo aliquis non solum seipsum, sed etiam alios dirigere potest; et tanto magis, quanto plurium est regitiva; quia et secundum virtutem corporalem tanto aliquis virtuosior reputatur, quanto plures vincere potest, aut pondera levare. Sic igitur

major virtus requiritur ad regendum domesticam familiam quam ad regendum seipsum, multoque major ad regimen civitatis et regni.... Tanto autem est aliquid Deo acceptius, quanto magis ad ejus imitationem accedit: unde et Apostolus monet Ephes. V, 1: Estote imitatores Dei, sicut filii charissimi. Sed si secundum Sapientis sententiam: Omne animal diligit simile sibi, secundum quod causae aliqualiter similitudinem habent causati, consequens igitur est bonos reges Deo esse acceptissimos, et ab eo maxime praemiandos." *de Regno*, c. 9.

[25] "... cum amor respiciat bonum, secundum diversitatem boni est diversitas amoris. Est autem quoddam bonum proprium alicujus hominis in quantum est singularis persona; et quantum ad dilectionem respicientem hoc bonum, unusquisque est sibi principale objectum dilectionis. Est autem quoddam bonum commune quod pertinet ad hunc vel ad illum inquantum est pars alicujus totius, sicut ad militem inquantum est pars exercitus, et ad civem, inquantum est pars civitatis; et quantum ad dilectionem respicientem hoc bonum, principale objectum dilectionis est illud in quo principaliter illud bonum consistit, sicut bonum exercitus in duce, et bonum civitatis in rege; unde ad officium boni militis pertinet ut etiam salutem suam negligat ad conservandum bonum ducis, sicut etiam homo naturaliter ad conservandum caput, brachium exponit; ..." *Q. D. de Carit.*, a. 4. ad 2.

[26] "... et hoc modo caritas respicit sicut principale objectum, bonum divinum, quod pertinet ad unumquemque, secundum quod esse potest particeps beatitudinis." *Ibid.*

[27] "... bonitas cujuslibet partis consideratur in proportione ad suum totum: unde et Augustinus dicit ... quod turpis est omnis pars quae suo toti non congruit. Cum igitur quilibet homo sit pars civitatis, impossibile est quod aliquis homo sit bonus, nisi sit bene proportionatus bono communi; nec totum potest bene existere nisi ex partibus sibi proportionatis." *Ia-IIae*, q. 92. a. 1, ad 3.

[28] "Primo quidem, quia bonum proprium non potest esse sine bono communi vel familiae vel civitatis aut regni. Unde et Maximus Valerius dicit de antiquis Romanis quod *malebant esse pauperes in divite imperio quam divites in paupere imperio.*--Secundo quia, cum homo sit pars domus et civitatis, oportet quod homo consideret quid sit sibi bonum ex hoc quod est prudens circa bonum multitudinis: bona enim dispositio partis accipitur secundum habitudinem ad totum; quia ut Augustinus dicit ... *turpis est omnis pars suo toti non congruens." IIa-IIae*, q. 47, a. 10, ad 2.

[29] *Q. D. de Carit.*, a. 2, c.

[30] "Actus ... rationalis creaturae a divina providentia diriguntur, non solum ea ratione quo ad speciem pertinent, sed etiam in quantum sunt personales actus." *III Contra Gentiles*, c. 113.

[31] "Unumquodque intendens aliquem finem, magis curat de eo quod est propinquius fini ultimo: quia hoc etiam est finis aliorum. Ultimus autem finis divinae voluntatis est bonitas ipsius, cui propinquissimum in rebus creatis est bonum ordinis totius universi: cum ad ipsum ordinetur sicut ad finem, omne particulare bonum hujus vel illius rei, sicut minus perfectum ordinatur ad id quod est perfectius; unde et quaelibet pars invenitur esse propter suum totum. Id igitur quod maxime curat Deus in rebus creatis, est ordo universi." *III Contra Gentiles*, c. 64.

[32] "Distinctio rerum et multitudo est ex intentione primi agentis, quod est Deus. Produxit enim res in esse propter suam bonitatem communicandam creaturis, et per eas repraesentandam; et quia per unam creaturam sufficienter repraesentari non potest, produxit multas creaturas et diversas; ut quod deest uni ad repraesentandam divinam bonitatem, suppleatur ex alia. Nam bonitas quae in Deo est simpliciter et uniformiter, in creaturis est multipliciter et divisim; unde perfectius participant divinum bonitatem, et repraesentat eam totum universum, quam alia quaecumque creatura." *Ia*, q. 47, a. 1, c.

[33] "In quolibet effectu illud quod est ultimus finis, proprie est intentum a principali agente sicut ordo exercitus a duce. Illud autem quod est optimum in rebus existens, est bonum ordinis universi.... Ordo igitur universi est proprie a Deo intentus, et non per accidens proveniens secundum successionem agentium ... Sed ... ipse ordo universi est per se creatus ab eo, et intentus ab ipso...". *Ia*, q. 15, n. 2, c.

[34] "Id quod est bonum et optimum in effectu, est finis productionis ipsius. Sed bonum et optimum universi consistit in ordine partium ipsius ad invicem, qui sine distinctione esse non potest; per hunc enim ordinem universum in sua totalitate constituitur, quae est optimum ipsius. Ipse igitur ordo partium universi et distinctio earum est finis productionis universi." *III Contra Gentiles*, c. 39.

[35] *IIIa*, q. 8, a. 7, c.

[36] See Appendix I, p. 103.

[37] "Manifestum est enim quod duplex est bonum universi: quoddam separatum, scilicet Deus, qui est sicut dux in exercitu; et quoddam in ipsis rebus, et hoc est ordo partium universi, sicut ordo partium exercitus est bonum exercitus. Unde Apostolus dicit Rom. XIII, 1: *Quae a Deo sunt, ordinata sunt.* Oportet autem quod superiores universi partes magis de bono universi participent, quod est ordo. Perfectius autem participant ordinem

ea in quibus est ordo per se, quam ea in quibus est ordo per accidens tantum." *Q. D. de Spir. creat.*, n. 8, c.

[38] *Ia*, q. 47, n. 2.

[39] "Per hoc autem quod dicimus substantias intellectuales propter se a divina providentia ordinari, non intelligimus quod ipsae ulterius non referantur in Deum et ad perfectionem universi. Sic igitur propter se procurari dicuntur et alia propter ipsas, quia bona quae propter divinam providentiam sortiuntur, non eis sunt data propter alterius utilitatem; quae vero aliis dantur, in earum usum ex divina ordinatione cedunt." *III Contra Gentiles*, c. 112.

[40] *In III Sent.*, d. 35, q. 1, a. 4, sol. 1.

[41] *In I Sent.*, d. 7, q. 2, a. 2, q. 3, ad 4.

[42] *III Contra Gentiles*, c. 113.

[43] "Praecellunt enim (intellectuales et rationales naturae) alias creaturas et in perfectione naturae et in dignitate finis. In perfectione quidem naturae, quia sola creatura rationalis habet dominium sui actus, libere se agens ad operandum; dum caeterae vero creaturae ad opera propria magis aguntur quam agant... In dignitate autem finis, quia sola creatura intellectualis ad ipsum finem ultimum universi sua operatione pertingit, scilicet cognoscendo et amando Deum: aliae vero creaturae ad finem ultimum pertingere non possunt nisi per aliqualem similitudinis ipsius participationem." *Ibid.*, c. 111.

[44] "... homo peccando ab ordine rationis recedit; et ideo decidit a dignitate humana, prout scilicet homo est naturaliter liber, et propter seipsum existens, et incidit quodammodo in servitutem bestiarum... Pejor enim est malus homo quam bestia ..." *Ia-IIa*, q. 64, a. 2, ad 3.

[45] "Paternitas igitur est dignitas Patris, sicut et essentia Patris: nam dignitas absolutum est, et ad essentiam pertinet. Sicut igitur eadem essentia quae in Patre est paternitas, in Filio est filiatio; ita eadem dignitas quae in Patre est paternitas, in Filio est filiatio."*Ia*, q. 42, a. 4, ad 2.

[46] "Sicut etiam subsistentia, quando est modus proprius, subordinatur naturae: subsistentia vero divina, assumens naturam creatam terminando, potius subordinat illam sibi." John of St. Thomas, *Curs. Theol.*, Solesmes, V. 11, p. 159, n. 12.

[47] "... sicut est ordo in causis agentibus, ita etiam in causis finalibus: ut scilicet secundarius finis a principali dependeat sicut secundarium agens a principali dependet. Accidit autem peccatum in causis agentibus quando secundarium agens exit ab ordine principalis agentis: sicut, cum tibia deficit propter suam curvitatem ab executione motus quem virtus appetitiva imperebat, sequitur claudicatio. Sic igitur et in causis finalibus, cum finis secundarius non continetur sub ordine principalis finis, est

peccatum voluntatis, cujus objectum est bonum et finis.--Quaelibet autem voluntas naturaliter vult illud quod est proprium volentis bonum, scilicet ipsum esse perfectum, nec potest contrarium hujus velle. In illo igitur volente nullum potest voluntatis peccatum accidere cujus proprium bonum est ultimus finis, quod non continetur sub alterius finis ordine, sed sub ejus ordine omnes alii fines continentur. Huiusmodi autem volens est Deus, cujus esse est summa bonitas, quae est ultimus finis. In Deo igitur peccatum voluntatis esse non potest.--In quocumque autem alio volente, cujus proprium bonum necesse est sub ordine alterius boni contineri, potest peccatum accidere voluntatis, si in sua natura consideratur. Licet enim naturalis inclinatio voluntatis insit unicuique volenti ad volendum et amandum sui ipsius perfectionem, ita quod contrarium hujus velle non possit; non tamen sic est inditum ei naturaliter ut ita ordinet suam perfectionem in alium finem quod ab eo deficere non possit: cum finis superior non sit suae naturae proprius, sed superioris naturae. Relinquitur igitur suo arbitrio quod propriam perfectionem in superiorem ordinet finem. In hoc enim differunt voluntatem habentia ab his quae voluntate carent, quod habentia voluntatem ordinant se et sua in finem, unde et liberi arbitrii esse dicuntur: quae autem voluntate carent, non ordinant se in finem, sed ordinantur a superiori agente, quasi ab alio acta in finem, non autem a seipsis. *III Contra Gentes.*, c. 109.

[48] "Hoc autem differt inter hominem et substantiam separatam, quod in uno homine sunt plures appetitivae virtutes, quarum una sub altera ordinatur. Quod quidem in substantiis separatis non contingit: una tamen earum est sub altera. Peccatum autem in voluntate contingit qualitercumque appetitus inferior deflectatur. Sicut igitur peccatum in substantiis separatis esset vel per hoc quod deflecteretur ab ordine divino, vel per hoc quod aliqua earum inferior deflecteretur ab ordine alicujus superioris sub ordine divino manentis, ita in homine uno contingit peccatum dupliciter. Uno modo, per hoc quod volultas humana bonum proprium non ordinat in Deum: quod quidem peccatum est commune et sibi et substantiae separatae. Alio modo, per hoc quod bonum inferioris appetitus non regulatur secundum superiorem: puta quando delectabilia carnis, in quae concupiscibilis tendit, volumus non secundum ordinem rationis. Hujusmodi autem peccatum non contingit in substantiis separatis esse." *Ibid.*

[49] "Considerandum est etiam quod, cum proprium alicujus bonum habet ordinem ad plura superiora, liberum est volenti ut ab ordine alicuius superiorum recedat et alterius ordinem non derelinquat, sive sit superior sive inferior." *Ibid.*

[50] "Sicut miles, qui ordinatur sub rege et sub duce exercitus, potest voluntatem suam ordinare in bonum ducis et non regis aut e converso.

Sed si dux ab ordine regis recedat, bona erit voluntas militis recedentis a voluntate ducis et dirigentis voluntatem suam in regem, mala autem voluntas militis sequentis voluntatem ducis contra voluntatem regis: ordo enim inferioris principii dependet ab ordine superioris. *Ibid.*

[51] "Quamvis igitur multa, quae videntur esse per accidens reducendo ipsa ad causas particulares, inveniantur non esse per accidens reducendo ipsa ad causam communem universalem scilicet virtutem caelestem, tamen etiam hac reductione facta inveniuntur aliqua esse per accidens...." *In VI Metaph.*, Lect. 3. n. 1212.

[52] "... manifestatio eorum quae dependent ex voluntate intelligentis, non potest dici illuminatio, sed locutio tantum; puta si aliquis alteri dicat, Volo hoc addiscere, Volo hoc vel illud facere. Cujus ratio est, quia voluntas creata non est lux, nec regula veritatis, sed participans lucem: unde communicare ea quae sunt a voluntate creata, inquantum hujusmodi, non est illuminare. Non enim pertinet ad perfectionem intellectus mei, quid tu velis, vel quid tu intelligas, cognoscere: sed solum quid rei veritas se habeat." *Ia*, q. 107, a. 2, c.

[53] "Per suum esse substantiale dicitur unumquodque ens simpliciter, per actus autem superadditos dicitur aliquid esse secundum quid... Sed bonum dicit rationem perfecti, quod est appetibile; et per consequens dicit rationem ultimi; unde id quod est ultimo perfectum, dicitur bonum simpliciter, quod autem non habet ultimam perfectionem quam debet habere, quamvis habent aliquam perfectionem, in quantum est actu non tamen dicitur perfectum simpliciter, nec bonum simpliciter sed secundum quid." *Ia*, q. 5, a. 1, ad 1.

[54] "Unumquodque autem in rebus naturalibus, quod secundum naturam hoc ipsum quod est, alterius est, principalius et magis inclinatur in id cujus est, quam in seipsum. Et haec inclinatio naturalis demonstratur ex his quae naturaliter aguntur: quia unumquodque, sicut agitur naturaliter, sic aptum natum est agi, ut dicitur in *II Physic.* Videmus enim quod naturaliter pars se exponit ad conservationem totius: sicut manus exponitur ictui, absque deliberatione, ad conservationem totius corporis. Et quia ratio imitatur naturam, hujusmodi inclinationem invenimus in virtutibus politicis: est enim virtuosi civis, ut se exponat mortis periculo pro totius reipublicae conservatione; et si homo esset naturalis pars hujus civitatis, haec inclinatio esset ei naturalis." *Ia*, q. 60, a. 5, c.

[55] "... Natura et substantia partis, hoc ipsum quod est, essentialiter et primo propter totum et totius esse est. Quod convenire cuilibet creaturae respectu Dei, patet. Quia quaelibet creatura, secundum suam naturam, est naturalis pars universi: ac per hoc naturaliter diligit plus universum quam seipsam, juxta primum fundamentum. Ergo, a fortiori, magis diliget

ipsum bonum universale: tum quia est eminentius totum universum: tum quia est omne bonum; tum quia bonum ipse universale quod est Deus gloriosus, est finis et bonum ipsius universi, et consequenter a quocumque magis amatur universum, ab eo magis amabitur ipse, ut patet de exercitu et duce juxta doctrinam *XII Metaph.* (c. 10)." Cajetan, *ibid.*, n. 5.--Also, *In III Sent.*, d. 29, q. 1, a. 3, c.

[56] See Appendix II, p. 106.

[57] "... bonum totius diligit quidem pars secundum quod est sibi conveniens: non autem ita quod bonum totius ad se referat, sed potius ita quod seipsam refert in bonum totius." *IIa IIae*, q. 26, a. 3. ad 2.

[58] "Dicendum quod Philosophus loquitur de amicabilibus quae sunt ad alterum in quo bonum quod est objectum amicitiae invenitur secundum aliquem particularem modum: non autem de amicabilibus quae sunt ad alterum in quo bonum praedictum invenitur secundum rationem totius." *Ibid.*, ad 1. See also the commentary of Cajetan.

[59] *Ia*, q. 60, a. 5, c.

[60] "... felicitas est operatio hominis secundum intellectum. In intellectu autem est considerare speculativum cujus finis est cognitio veritatis, et practicum cujus finis est operatio. Et secundum hoc duplex felicitas assignatur hominis. Una speculativa quae est operatio hominis secundum virtutem perfectam contemplativam quae est sapientia. Alia autem practica quae est perfectio hominis secundum perfectam virtutem hominis practicam quae est prudentia. Est autem quaedam operationem secundum prudentiam et speculatio secundum sapientiam hominis secundum seipsum solum. Et est quaedam operatio prudentiae et speculatio totius civitatis; et ideo est quaedam felicitas practica et speculativa quaedam hominis secundum seipsum, et est quaedam felicitas practica totius civitatis et quaedam contemplativa totius civitatis. Felicitas autem speculativa secundum unum hominem melior est practica quae est secundum unum hominem, sicut evidenter docet Aristoteles in *X Ethicorum*; quoniam illa perfectio intellectus eligibilior est quae est respectu objecti magis intelligibilis, quia ratio perfectionis sumitur ex objecto; talis autem est speculativa. Felicitas enim est perfectio intellectus respectu primi et maxime intelligibilis. Felicitas autem practica est perfectio intellectus respectu agibilis ab homine quod multo deficit a ratione intelligibilis primi, ergo felicitas contemplativa unius eligibilior est quam felicitas practica; et iterum magis est continua et sufficiens et delectabilis haec quam illa. Et eadem ratione contemplativa totius civitatis eligibilior est quam politica seu civilis, et contemplativa totius civitatis simpliciter eligibilior est contemplativa quae est secundum unum; similiter civilis practica quae est secundum unum. Et hoc est quod intendebat dicere Aristoteles *I*

Ethicorum: si idem est uni et civitati, majusque et perfectius quod civitati videtur et suscipere et salvare. Amabile enim et uni: melius vero et divinius genti et civitati. Et ratio hujus potest esse, quia contemplativa et civilis civitatis comparantur ad contemplativam secundum unum, sicut totum ad partem: totum autem rationem magis perfecti et majoris boni habet quam pars, et ideo ista quam illa." *In VII Politic.*, lect. 2. (P. de Alvernia complevit.)

[61] "... bonum gratiae unius majus est quam bonum naturae totius universi." *Ia IIae*, q. 113, a. 9, ad 2.

[62] M. H. Doms, der Autor eines sehr verbreiteten Werkes, *Du sens et de la fin du mariage* (Desclee de Brouwer), in dem er in Bezug auf dieses große Sakrament eine personalistische und zutiefst perverse Auffassung vertritt, möchte das Gegenteil behaupten und stützt sich auf Scheeben (S. 28-32; 69). Der hl. Augustinus und der hl. Thomas lehnen diese Lehre ausdrücklich ab. De Trinitate, Buch XII, Kap. 5; Ia, q. 93, a. 6. Siehe auch, was die Ehe und ihre mystische Bedeutung betrifft, Cornelius Lapidus, In Epistolam ad Ephesios, Kap. 5, Vers 32; Dennis der Kartäuser, Enarratio in Canticum Canticorum, a. 2. Es ist dringend notwendig geworden, die Schriften des heiligen Augustinus gegen die pelagische Überhöhung des Menschen und der Freiheit zu verbreiten, ebenso wie seine Schriften über die Ehe.[63] "Cum dicitur quod Deus diligitur ab Angelo inquantum est ei bonus, si ly inquantum dicat finem, sic falsum est: non enim diligit naturaliter Deum propter bonum suum, sed propter ipsum Deum. Si vero dicat rationem amoris ex parte amantis, sic verum est: non enim esset in natura alicujus quod amaret Deum, nisi ex eo quod unumquodque dependet a bono quod est Deus. *Ia IIa*, q. 60. a. 5. ad 2.

[64] "... homo non ordinatur ad societatem politicam secundum se totum, et secundum omnia sua ..." *Ia IIae*, q. 21, a. 4, ad 3.

[65] "At Deus pari modo hominem ad civilem consortionem natum conformatumque voluit, quam profecto sua ipsius natura postulat. Societas enim ex divini Creatoris consilio naturale praesidium est, quo quilibet civis possit ac debeat ad propositam sibi metam assequendam uti; quandoquidem Civitas homini non homo Civitati existit. Id tamen non ita intelligendum est, quemadmodum ob suam *individualismi* doctrinam *Liberales*, quos vocant, asseverant; qui quidem communitatem immoderatis singulorum commodis inservire jubent: ..." *Divini Redemptoris, Acta Apost. Sedis*, 31 martii 1937, p. 79.

[66] Siehe oben p. 27, n. 23.

[67] Es ist wahr, dass bei den niederen Tieren das Wissen zu etwas untergeordnet ist, das dem Wissen unterlegen ist, nämlich Ernährung und Zeugung. In diesem speziellen Fall ist das Wissen der Tiere rein

instrumentell und stellt eine Art Anomalie dar. Diese Anomalie verschwindet, wenn man die Tiere als dem Menschen untergeordnet betrachtet, in dem das Wissen den Aspekt eines Begriffs hat und in dem die Sinne des Wissens (im Gegensatz zu den Sinnen der Natur) nicht mehr nur nützlich sind. Das Wissen kann nicht selbst auf etwas gestellt werden, das dem Wissen unterlegen ist. Sein Zustand ist eine Art Anomalie, solange das "Anderssein" dem obskuren "Selbstsein" untergeordnet ist.

[68] *Morceaux choisis*, pp. 232, 229, 217.

[69] Da die moralische Person nicht wirklich eine individuelle Substanz ist, kann man auf sie nicht die Definition "rationalis naturae substantia individua" anwenden. Die sittliche Person ist wesentlich gemeinschaftlich, wie zum Beispiel die Person des Führers als Führer oder die gemeinsame Persönlichkeit, die eine Gesellschaft ausmacht. (Salmanticenses, Curs. Theol., [Palme] Bd. VIII, d. 14, dub. 1, S. 23b.) Der Begriff "Person", den wir in jedem Fall finden - moralische Person, physische Person - ist weder eindeutig noch analog, sondern mehrdeutig. Der Jurist, der sich nicht formell mit Naturen befasst, kann sie in einer Quasi-Gattung zusammenfassen, "Rechtssubjekt" und "Rechtsgrundlage", die die Modernen zu verwechseln pflegen. Das Recht wird durch das Gesetz und das Gesetz durch das Gemeinwohl definiert.

[70] "... ut pro fine habeatur ratio status communis, quae est pernicies reipublicae bene ordinatae." J. of St. Thomas, *Cursus Theol.*, V. VII, d. 19, a. 6, n. 12, p. 694.--"Aliud habet justitia legalis ex parte boni communis, quatenus illi debet princeps bonam gubernationem, et sic oportet, quod respiciat altiorem finem quam ipsum bonum commune, scilicet Deum quod nisi respiciat gubernatio boni communis, declinabit in ratione status." *Ibid.*, n. 16, p. 696.

[71] *Ibid.*, n. 13, p. 695.

[72] Marx hat diese tyrannische und entfremdende Macht des Staates sehr deutlich gesehen. Aber er suchte die Lösung dafür in der sehr logischen Anwendung des kantischen Personalismus. Nach Kant ist der Mensch ein Zweck an sich selbst. Der letzte Zweck, für den Gott vernünftige Geschöpfe erschafft, ist die Person selbst in ihrer eigenen Würde. Diese Würde kommt nicht daher, dass die Person selbst in der Lage ist, den letzten Zweck des Universums zu erreichen, d. h. einen anderen Zweck als den der Person; die Person erhält ihre Würde aus sich selbst, weil sie ihr eigener Zweck ist und in sich selbst die Freiheit der Autonomie verwirklicht. Nach Marx beschädigt jede Fremdbestimmung die Würde des Menschen, da diese verlangt, dass der Mensch seine eigene Quelle ist. "Radikal sein heißt, die Dinge bei der Wurzel packen. Und die Wurzel des Menschen ist der Mensch selbst." "... der Mensch ist das höchste Wesen

des Menschen." "Die Philosophie macht kein Geheimnis daraus: Das Bekenntnis des Prometheus: 'Mit einem Wort, ich hasse alle Götter...' ist das eigene Bekenntnis der Philosophie, der Diskurs, den sie gegen alle Götter des Himmels und der Erde führt und immer führen wird, die das menschliche Bewusstsein nicht als höchste Gottheit anerkennen. Diese Gottheit duldet keinen Nebenbuhler." "Die Emanzipation des Menschen wird erst dann verwirklicht sein, wenn der einzelne wirkliche Mensch den abstrakten Bürger in sich aufnimmt, wenn er als einzelner Mensch in seinem empirischen Leben, in seiner individuellen Arbeit und seinen Beziehungen zum Gattungswesen wird und so seine eigenen Kräfte als gesellschaftliche Kräfte erkennt und sie selbst als solche organisiert, und so wird er folglich die gesellschaftliche Kraft in Form der politischen Macht nicht mehr von sich trennen." "Kommunismus als positive Aufhebung des Privateigentums, betrachtet als Trennung des Menschen von sich selbst, also Kommunismus als wirkliche Aneignung des menschlichen Wesens durch den Menschen und für den Menschen, also als Rückkehr des Menschen zu sich selbst als gesellschaftlicher Mensch, das heißt als menschlicher Mensch, eine vollständige, bewusste Rückkehr, die den ganzen Reichtum der früheren Entwicklung bewahrt. Dieser Kommunismus, der ein vollendeter Naturalismus ist, fällt mit dem Humanismus zusammen; er ist das wahre Ende des Streits zwischen Existenz und Wesen, zwischen Objektivierung und Bejahung des Selbst, zwischen Freiheit und Notwendigkeit, zwischen Individuum und Gattung." "Jenseits dieser Herrschaft der Notwendigkeit beginnt die Entwicklung der Kräfte des Menschen, die ihr eigener Zweck ist, die die wahre Herrschaft der Freiheit ist, die sich aber nur erfüllen kann, indem sie sich auf diese Herrschaft der Notwendigkeit stützt." Die Unsterblichkeit, die den Menschen von etwas anderem als von sich selbst abhängig machen würde, was folglich seiner Würde zuwiderliefe, ist selbst "mutig" zu verneinen. Und das ist in der Tat sehr im Einklang mit der marxistischen Dialektik, wie es diesmal auch im Einklang mit der Wahrheit ist: diese Würde impliziert ihre eigene Negation.[73] Sie Appendix III, p. 108.

[74] Cajetan, *In IIam IIae*, q. 81, a. 6; John of St. Thomas, *op. cit.*, V. VII, d. 19, a. 6, nn. 9-18.

[75] Antoine de Saint Exupery, *Pilote de Guerre*, Editions de la Maison Françla;aise, N.Y., p. 212.

[76] Even the sin of Adam was without speculative ignorance. "*Adam non est seductus, sed mulier*. Seductio autem duplex est, sc. in universali, et in particulari eligibili, quae est ignorantia electionis. Quicumque ergo peccat, seducitur ignorantia electionis in particulari eligibili. *Mulier autem fuit seducta* ignorantia in universali, quando sc. credidit quod serpens dixit;

sed vir non credidit hoc, sed deceptus fuit in particulari, sc. quod gerendus esset mos uxori, et cum ea comedere deberet, et inexpertus divinae severitatis credidit quod facile ei remitteretur." S. Thomas, *In I ad Tim.*, c. II Lect. 3. See also *In II ad Tim.*, ch. III. Lect. 2, on the *semper discentes et numquam veritatem invenientes.*

[77] Dieses Werk wurde auf dem Kongress der American Catholic Philosophical Association 1940 in Philadelphia vorgestellt. Es erschien in seinem Hauptteil in den Proceedings der Vereinigung unter dem Titel *Metaphysics and International Order*. Mir wurde gesagt, dass der Text in den Proceedings unter anderem darunter leidet, "rätselhaft kurz" zu sein. Dies ist eine berechtigte Kritik, und ich werde versuchen, es in dieser neuen Fassung besser zu machen.

[78] Joseph Stalin, in *Histoire du parti communiste (Bolchevik) de l'U.S.S.R.* Foreign language edition, Moscow, 1939, Ch. IV, section 2: "Le materialisme dialectique et le materialisme historique." This same section was published separately by International Publishers, New York, 1940.

[79] "A sophista vero differt philosophus 'phronesi', idest electione vel voluptate, idest *desiderio vitae.*" *In V Metaph.*, Lect. 4, n. 575.

[80] "Denn es ist nicht angemessen, die Politik oder die Klugheit als das beste Wissen zu betrachten, es sei denn, der Mensch ist das Beste von allem, was im Universum ist.." *VI Ethic.*, ch. 7, 1141a20.

[81] Johannes von St. Thomas, *Cursus Theol.*, ed. Solesmes V. I, p. 395.

[82] Cajetan, *In Iam IIae*, q. 58, a. 5.

[83] Cajetan, *In IIam IIae*, q. 47, a. 1.

[84] *I Metaph.*, c. 2, 982b25.

[85] *Q. D. de virt. card.*, a. 1, c: "... vita autem humana est quae est homini proportionata. In hoc homine autem invenitur primo quidem natura sensitiva, in qua convenit cum brutis; ratio practica, quae est homini propriasecundum suum gradum; et intellectus speculativus, qui non perfecte in homine invenitur sicut invenitur in angelis, sed secundum quamdam participationem animae. Ideo vita contemplaiva non est proprie humana, sed superhumana; vita autem voluptuosa quae inhaeret sensibilibus bonis, non est humana, sed bestialis. Vita ergo proprie humana, est vita activa, quae consistit in exercitio virtutum moralium.

[86] "... prudentia est circa bona humana, sapientia autem circa ea quae sunt homine meliora." *In VI Ethic.*, Lect. 6, d. 1191.

[87] "... nos utimur omnibus quae sunt secundum artem facta, sicut propter nos existentibus. Nos enim sumus quodammodo finis omnium artificialium. *In II Physic.*, Lect. 4, n. 8. Diese Behauptung bestätigt sich sogar bei Werken der religiösen Kunst. Denn diese Nachahmungen werden

angefertigt, um die Originale in einer Weise darzustellen, die uns mehr entspricht.

[88] "Et dicit (Philosophus) quod ad prudentem videtur pertinere, quod sit potens ex facultate habitus bene consiliari circa propria bona et utilia, non quidem in aliquo particulari negotio puta qualia sint bona vel utilia ad sanitatem vel fortitudinem corporalem; sed circa ea quae sunt bona et utilia ad hoc quod tota humana vita sit bona ... quia scilicet illi quidem dicuntur prudentes non simpliciter, sed circa aliquid determinatum, qui possunt bene ratiocinari quae sunt bona vel utilia ad aliquem finem determinatum, dummodo ille finis sit bonus; quia ratiocinari de his quae pertinent ad malum finem est contrarium prudentiae: dummodo hoc sit circa ea quorum non est ars, quia bene ratiocinari de hoc non pertinet ad prudentiam, sed ad artem. Si ergo ille qui est bene consiliativus ad aliquid particulare est prudens particulariter in aliquo negotio; consequens est, quod ille sit totaliter et simpliciter etiam prudens, qui est bene consiliativus de his quae pertinent ad totam vitam. *In VI Ethic.*, Lect. 4, nn. 1162-3.

[89] "... manifestum est quod ars non deliberat. Nec artifex deliberat inquantum habet artem, sed inquantum deficit a certitudine artis: unde artes certissimae non deliberant. Sicut scriptor non deliberat quomodo debeat formare litteras. Et illi etiam artifices qui deliberant, postquam invenerunt certum principium artis, in exequendo non deliberant: unde citharaedus, si in tangendo quamlibet chordam deliberaret, imperitissimus videretur. Ex quo patet quod non deliberare contingit alicui agenti, non quia non agit propter finem, sed quia habet determinata media per quae agit." *In II Physic.*, Lect. 14, n. 8.

[90] "... malum numquam invenitur nisi in paucioribus, si referuntur effectu ad causas proprias: quod quidem in naturalibus patet. Nam peccatum vel malum non accidit in actione naturae, nisi propter impedimentum superveniens illi causae agenti quod quidem non est nisi in paucioribus, ut sunt monstra in natura, et alia hujusmodi. In voluntariis autem magis videtur malum esse ut in pluribus quantum ad agibilia, licet non quantum ad factibilia, inquantum ars non deficit nisi ut in paucioribus, imitatur enim naturam. In agibilibus autem, circa quae sunt virtus et vitium, est duplex appetitus movens, scilicet rationalis et sensualis; et ideo quod est bonum secundum unum appetitum, est malum secundum alterum, sicut prosequi delectabilia est bonum secundum appetitum sensibilem, qui sensualitas dicitur quamvis sit malum secundum appetitum rationis. Et quia plures sequuntur sensus quam rationem, ideo plures inveniuntur mali in hominibus quam boni. Sed tamen sequens appetitum rationis in pluribus bene se habet, et non nisi in paucioribus male." *Q. D. de Pot.*, q. 3, a. 6, ad 5.

[91] *Ia Pars*, q. 49, a. 3, ad 5; q. 63, a. 9, ad 1; q. 23, a. 7, ad 3; *Ia IIae*, q. 71, a. 2, ad 3.

[92] *In II Ethic.*, Lect. 7; *In I Sent.*, d. 39, q. 2, a. 2 ad 4.

[93] Und in dem Artikel über die Renaissance bezeichnet der Begriff "Humanismus" "eine spezifische Neigung, die die in der Renaissance freigesetzten Kräfte aus dem Kontakt mit der antiken Welt mitnahmen, - die besondere Form, die das menschliche Selbstwertgefühl in dieser Epoche annahm, - das Ideal des Lebens und der Zivilisation, das von den modernen Nationen entwickelt wurde. Sie zeigt das Bestreben des Menschen, sich als freies Wesen und nicht als Sklave eines theologischen Despotismus wiederherzustellen, und die besondere Unterstützung, die er dabei von der griechischen und römischen Literatur, den *litterae humaniores*, erhielt, Buchstaben, die eher auf der Seite des Menschen als auf der Seite der Gottheit standen. In diesem Artikel wird die Renaissance als eine umfassende Bewegung des europäischen Intellekts und Willens zur Selbstemanzipation, zur Wiederherstellung der natürlichen Rechte der Vernunft und der Sinne, zur Eroberung des Planeten als Ort menschlicher Beschäftigung und zur Bildung von regulativen Theorien sowohl für Staaten als auch für Individuen betrachtet, die sich von denen des Mittelalters unterscheiden." Zu einer allgemeineren Verwendung des Begriffs "Humanismus" siehe unsere Ausführungen unten, Anmerkung 94.

[94] Einige Autoren verwenden den Begriff "Humanismus", um eine sehr hohe Auffassung von den natürlichen Fähigkeiten des Menschen zu bezeichnen. Diese Unterstellung ist die Ursache für viele rein verbale Missverständnisse. Wenn das Wort in dieser weiten Bedeutung gebraucht wird, muss man sagen, dass der heilige Thomas unendlich viel humanistischer ist als Erasmus, ja, dass er Erasmus gegenübersteht wie jemand, der das Beste im Menschen zerstört. Die heute als "vulgär" bezeichnete Konzeption des Humanismus, die sich auf Werke wie die von Burckhardt, Monnier und Symonds stützt, kann diesem Wortspiel nicht widerstehen. Diese weitergehende Zumutung kann im Übrigen eine Rechtfertigung in der "vulgären" Konzeption des Humanismus finden, die ebenfalls mit der Bedeutung der "natürlichen Kraft" des Menschen spielte. Es ist nicht immer gerechtfertigt, diese Art des Abgleitens von einer Wortbedeutung zur anderen zu akzeptieren. Beim heiligen Thomas bedeutet "Essenz" nicht Benzin [wie im Französischen], und bei der Lektüre des heiligen Thomas ignorieren wir diese neue Bedeutung des Wortes, obwohl sie nicht unbegründet ist. Die These von der Bewegung, die von denjenigen vertreten wird, die von der so genannten "vulgären Auffassung" aufgrund ihrer Ideen als "Humanisten" bezeichnet wurden, kann nicht durch die Anführung von Passagen widerlegt werden, in denen sich beispielsweise

Erasmus, im Gegensatz zu jemandem wie Mirandola, gegen die so genannte Rationalisierung des Evangeliums und gegen den philosophischen Hellenismus des Mittelalters auflehnt. Erasmus ist zutiefst humanistisch, wenn er Aristoteles ablehnen will, und er ist es noch mehr, wenn er die scholastische Theologie unter dem Vorwand angreift, die christliche Weisheit zu verteidigen. Man schmälert seine Genialität, wenn man versucht, ihn mit den Missbräuchen zu entschuldigen, denen die dekadente Scholastik verfallen war. Man schmälert noch mehr die eigentliche Meisterschaft eines Meisters, wenn man behauptet, dass sein Werk, isoliert von unendlich komplexen historischen Umständen, nicht wirklich verständlich ist. Wer die großen Scholastiker des Mittelalters angreift, wer die größten unter seinen eigenen Zeitgenossen ignoriert, muss unserer Meinung nach auch das angreifen, was in der griechischen Weisheit am tiefsten war, d.h. das, wodurch sich der Mensch am besten der christlichen spekulativen Weisheit und der Moralwissenschaft nähern kann, denn das ist auch das Göttlichste im Menschen. Das nackte Evangelium, das Erasmus predigte, ist in dem Sinne, in dem wir den Begriff verstehen, höchst humanistisch. Seine Lehre ist nicht weniger humanistisch, weil sie "Philosophie Christi" genannt wird oder weil er den Gebrauch der Philosophie in der Theologie als eine Form des Heidentums betrachtet hat. Wir leugnen nicht, dass die Begeisterung, die später anlässlich der großen wissenschaftlichen Entdeckungen zum Ausdruck kam, eine gewisse Grundlage hat. Was wir als humanistisch betrachten, ist die Hoffnung, die in diese neue Macht gesetzt wurde. Wir leugnen nicht die Macht der Versuchung; wir betrachten die Art und Weise, in der bestimmte Personen reagiert haben, als humanistisch, und wir zählen sie zu unseren Gegnern. Zweifelsohne bedeuten Worte, was man will - *ad placitum*. Aber das sollte uns nicht daran hindern, diesen Rat des heiligen Thomas zu befolgen: "Weil man nicht einmal die Ausdrücke gebrauchen soll, die die Ungläubigen gebrauchen, damit die Gewöhnlichkeit der Namen nicht zum Anlass des Irrtums wird, sollen die Gläubigen es vermeiden, das Wort Schicksal leicht zu gebrauchen, damit sie nicht den Anschein erwecken, diejenigen zu billigen, die es in einem schlechten Sinn gebrauchen." III Contra Gentiles, c. 93.

[95] "Statuit tandem optimus opifex ut cui dari nihil proprium poterat commune esset quicquid privatum singulis fuerat. Igitur hominem accepit opus imaginis atque in mundi positum meditullium, sic est alloquutus. Nec certam sedem, nec propriam faciem nec munus ullum peculiare tibi dedimus O Adam, ut quam sedem quam faciem, quae munera tute optaveris, ea pro voto pro tua sententia habeas et possideas. Definita ceteris natura intra prescriptas a nobis leges cohercetur. Tu nullis angustiis

cohercitus pro tuo arbitrio in cujus manu te posui tibi illam praefinies. Medium te mundi posui, ut circumspiceres inde commodius quicquid est in mundo. Nec te caelestem, neque terrenum, neque mortalem, neque immortalem fecimus, tu tui ipsius quasi arbitrarius honorariusque *plastes et fictor*, in quam malueris tute formam effinguas. Poteris in inferiora quae sunt bruta degenerare. Poteris in superiora quae sunt divina ex tui animi sententia regenerari. O summam dei patris liberalitatem, summam et admirandam hominis foelicitatem. Cui datum id habere quod optat, id esse quod velit, bruta simul atque nascuntur id secum afferunt (ut ait Lucilius) e bulga matris quod possessura sunt. Supremi spiritus aut ab initio aut paulo mox id fuerunt quod sunt futuri in perpetuas aeternitates." *Oratio Joannis Pici Mirradulae* Concordiae Comitis. "Legi Patres ..."--Omnia Opera, ed. Jehan Petit, Paris 1517. s. p. Hier einige Passagen aus der Theologia Platonica seines Lehrers und Freundes Marsile Ficin: "Der Mensch strebt danach, für die ganze Zukunft in den Mündern der Menschen zu bleiben.... Er akzeptiert, dass er nicht von der gesamten Vergangenheit gefeiert werden kann, von allen Ländern, von allen Tieren.... Er misst die Erde und den Himmel, erforscht die Tiefen des *Tartars*, und der Himmel erscheint ihm nicht zu hoch, noch der Mittelpunkt der Erde zu tief.... Und da er die Ordnung der Himmel kennt, und wer diese Himmel bewegt, und wohin sie sich bewegen, und ihre Maße und ihre Produkte, wer will da leugnen, dass er praktisch den gleichen Genius hat, wie der Urheber dieser Himmel und dass er sie in gewisser Weise selbst erschaffen könnte.... Der Mensch will keinen Vorgesetzten oder Gleichen haben; er duldet nicht im Geringsten, dass es über ihm eine Herrschaft gibt, von der er ausgeschlossen sein könnte. Das ist nur der Zustand Gottes.... Er strebt danach, überall zu herrschen, überall gepriesen zu werden. Er strebt danach, überall wie Gott zu sein. Wie Gott strebt er danach, immer zu existieren." In P. Monnier, Le Quattrocento 8. Aufl., Paris 1934, V. 1 pp. 49-50. Weiter heißt es bei Silva de Lorenz von Medici: "Damals war die Begabung gleich der Begierde und der Neid gleich der Stärke des Verstandes; der Mensch begnügte sich damit, den Teil Gottes zu kennen, den er verstehen kann; und die eitle Anmaßung unseres perversen Verstandes sollte sich nicht höher erheben, noch mit übertriebener Sorge nach den Ursachen suchen, die die Natur vor uns verbirgt. Heute maßt sich unser sterblicher Verstand an, dass es ein verborgenes Gut gibt, nach dem er strebt; eine vulgäre Subtilität spornt unser menschliches Verlangen an und weiß es nicht zu zügeln; deshalb beklagt sich unser Verlangen, dass der Verstand zu viel Licht hat, wenn er dieses Gut vermutet; und wenn er es nicht sieht, beklagt er sich über das Wenige, das er sieht, und er sieht, dass er nicht sieht, und er sucht, blind zu sein oder ganz zu sehen." Apud Monnier, op. cit., V. II, S. 129.

[96] "... poetica scientia est de his quae propter defectum veritatis non possunt a ratione capi; unde oportet quod quasi quibusdam similitudinibus ratio seducatur." *In I Sent.*, Prol., q. 1, a. 5, ad 3.

[97] *Ia Pars*, q. 1, a. 9.

[98] *An Enquiry Concerning Human Understanding*, Sect. I. Ed. E. A. Burtt, The English philosophers from Bacon to Mill, Modern Library, 1939, p. 587.

[99] Auch seine Konzeption der Experimentalphysik war streng dialektisch, insofern ihre Methode interrogativ war.

[100] See Appendix V, p. 120.

[101] *In I Post. An.*, Lect. 1.

[102] Compare this with F. C. Schiller, *Hypothesis*, in *Studies in the History and Method of Science*, ed. Charles Singer, Oxford, 1921, Vol. II, pp. 429-430.

[103] Joseph Stalin, *op. cit.*, pp. 99-100: "Der Begriff Dialektik stammt vom griechischen Wort "dialego", was so viel bedeutet wie "widersprechen", "polemisieren". In der Antike bedeutete Dialektik die Kunst, zur Wahrheit zu gelangen, indem man die in der Argumentation des Gegners enthaltenen Widersprüche aufdeckt und sie überwindet. Bestimmte Philosophen der Antike hielten die Entdeckung von Widersprüchen im Denken und die Erschütterung konträrer Meinungen für das beste Mittel zur Wahrheitsfindung. Diese dialektische Denkweise, die später auf die Naturerscheinungen ausgedehnt wurde, ist zur dialektischen Methode der Naturerkenntnis geworden; nach dieser Methode sind die Naturerscheinungen ewig in Bewegung und in Veränderung begriffen, und die Entwicklung der Natur ist das Ergebnis der Entwicklung der Widersprüche in der Natur, das Ergebnis der gegenseitigen Wirkung der gegensätzlichen Kräfte der Natur."

[104] "Pars autem logicae, quae demonstrativa est, etsi circa communes intentiones versetur docendo tamen usus demonstrativae scientiae non est in procedendo ex his communibus intentionibus ad aliquid ostendendum de rebus, quae sunt subjecta aliarum scientiarum. Sed hoc dialectica facit, quia ex communibus intentionibus procedit arguendo dialecticus ad ea quae sunt aliarum scientiarum, sive sint propria, sive communia, maxime tamen ad communia." *In I Post. An.*, Lect. 20, n. 5.--Also *In de Trinitate*, q. 6 a. 1, c.; *In IV Metaph.*, Lect. 4, John of Saint Thomas, *Curs. Phil.*, (ed. Reiser) V. 1, p. 278.

[105] *The Logic of Hegel*, trans. from the *Encyclopadie* by W. Wallace, London, 1892, p. 221. (Auch Friedrich Engels findet eine Bestätigung dieser verbalen Negation des Widerspruchsprinzips in der

Infinitesimalrechnung, zumindest in der Infinitesimalrechnung, wie sie zu seiner Zeit verstanden wurde. "Als die Mathematik der geraden und gekrümmten Linien auf diese Weise zu ihrer fast vollkommenen Entwicklung gelangte, eröffnete sich ein neues und praktisch unbegrenztes Feld in der Mathematik, die das Gekrümmte als gerade (Differentialdreieck) und das Gerade als gekrümmt (Kurve erster Ordnung mit unendlich kleiner Krümmung) auffasst. O Metaphysik!" Dialektik der Natur, International Publishers, New York, 1940, S. 201. Der Herausgeber dieses Textes fügt folgende Anmerkung hinzu: "Dies wurde natürlich geschrieben, bevor strenge Beweise, die auf der Theorie der Grenzen beruhen, in die Lehrbücher aufgenommen wurden. Engels hat vollkommen recht, was die Kalkulation betrifft, wie sie zu seiner Zeit gelehrt wurde." Man beachte auch, dass Engels vollkommen richtig liegt, wenn er die Infinitesimalrechnung als ein Ergebnis der Anwendung der dialektischen Methode (usus logicae docentis) in der Mathematik betrachtet. Es genügt im Übrigen, Bewegung in die Mathematik einzuführen, um sie in Dialektik umzuwandeln, denn streng mathematische Überlegungen sind ohne Bewegung. Sein Irrtum bestand darin, dass er glaubte, man könne in der Tat die Grenze erreichen.

[106] Voir G.-V. Plekhanov, *Les questions fondamentales du marxisme,* le chapitre intitule *Dialectique et logique*, E. S. I., Paris, s. d., p. 97ff.

[107] Joseph Stalin, *op. cit.*, pp. 102-3.

[108] *V Metaph.* c. 6, 1016a25, Lect. 7, n. 863; *In Physic.*, c.14, 224a, Lect. 23, n. 13; St. Albert, *In Physic.* tract. III. c. 17,

[109] On the negation of negation, see, F. Engels, M. E. Duhring bouleverse la science (Anti-During), V. I, Ch. XIII entitled *Dialectique. Negation de la negation.* Paris, Alfred Costes, 1981, pp. 198-9ff.

[110] Siehe Appendix IV, p. 109.

[111] " Es scheint, dass ein gewisser Herr Krug, der annahm, Hegel versuche in der Naturphilosophie alle real existierenden Objekte aus der reinen Idee abzuleiten, sich erkundigte, ob Hegel die Feder ableiten könne, mit der er, Herr Krug, schreibe. Hegel demontiert den unglücklichen Krug in einer verächtlichen und sarkastischen Fußnote, in der er feststellt, dass die Philosophie sich mit wichtigeren Dingen zu beschäftigen habe als mit Krugs Feder. Und die allgemeine Position, die er vertritt, ist, dass die Naturphilosophie nicht versuchen kann und soll, bestimmte Tatsachen und Dinge zu deduzieren, sondern nur Universalien. Sie kann nicht auf diese Pflanze schließen, sondern nur auf die Pflanze im Allgemeinen, und so weiter. Die Einzelheiten der Natur, sagt er, werden von der Kontingenz und der Willkür bestimmt, nicht von der Vernunft. Sie sind irrational. Und das Irrationale ist gerade das, was nicht abgeleitet werden kann. Es ist höchst unpassend, sagt er, von der Philosophie zu verlangen, dass sie

diese bestimmte Sache, diesen bestimmten Menschen usw. ableitet. (... Meiner Meinung nach hatte Hegel unrecht und Krug recht, was die Frage der Feder betrifft. Und Hegels schlecht gelaunte Gereiztheit ist möglicherweise das Ergebnis eines unguten Gefühls, dass Krugs Angriff nicht unbegründet war. Wenn wir einen idealistischen Monismus haben wollen, muss er alles aus seinem ersten Prinzip, dem Denken, erklären. Und das bedeutet, dass er alles deduzieren muss. Etwas außerhalb des Netzes der Deduktion zu lassen, etwas für völlig undeduzierbar zu erklären, ist einfach Dualismus.) W. V. Stace, The philosophy of Hegel, Macmillan and Co., London 1924, para. 425, 426, p. 308. Der Kontext, in den wir diese Fußnote stellen, sollte den Leser nicht in die Irre führen - Prof. Stace ist kein Marxist![112] Joseph Stalin, *op. cit.*, p. 100.

[113] Karl Marx, *Morceaux choisis*, p. 197.

[114] *Ibid.*, p. 166.

[115] *Ibid.*, p. 104.

[116] *Ibid.*, p. 103.

[117] *Ibid.*, pp. 104-5.

[118] Voir Plekhanov, *loc. cit.*

[119] Marx, *op. cit.*, p. 233.

[120] *Ibid.*, p. 222.

[121] *Ibid.*, pp. 221-3, 237.

[122] Dionysius the Areopagite, *Traite de la theologie mystique*, Ch. III. Trans. of R. P. Dom Jean de S. Francois, *Oeuvres de S. Denys Areopagite*, Nicolas Buon, Paris 1629, 545, 546.

[123] Marx, *op. cit.*, p. 233.

[124] " Dann sah ich ein Tier aus dem Meer aufsteigen ..." Apok. XIII, 1. In der Expositio II zur Apokalypse, herausgegeben unter den Werken des Heiligen Thomas (Vives, Bd. 32), finden wir den folgenden Kommentar: Und ich sah, d.h. im Innern, ein Tier, d.h. einen Körper, eine Schar von verkehrten Menschen, die bestialisch lebten und andere Menschen grausam verschlangen, d.h. ihnen entweder geistiges oder körperliches Übel zufügten.... Aus dem Meer, d.h. aus der Welt, die durch den Sturm der Drangsale und Versuchungen erschüttert und durch ihre Übertretungen bitter geworden ist; denn dieses Tier wird aus verschiedenen Völkern der Welt gebildet werden. Et vidi, d.h. aus innerer Anschauung, ein Tier, d.h. ein Leib oder eine Menge von verkehrten Menschen, die leben und andere grausam verschlingen, und zwar entweder durch geistigen oder körperlichen Schaden.... De mari, d.h. aus der Welt, die durch Bedrängnisse und Versuchungen stürmisch und durch Übertretungen bitter ist, denn aus verschiedenen Nationen der Welt wird dieses Tier gesammelt werden." (S. 298) In der Ausgabe von Desclee lesen wir an derselben Stelle in einer

Anmerkung: "Die vier Tiere von Daniel stellen jeweils ein Reich dar (vii, 17, 23); dasjenige der Apokalypse, das in sich die Merkmale aller anderen trägt (v, 2), muss notwendigerweise alle diese Reiche zusammen darstellen und das Symbol der politischen Macht, der materiellen Kraft der Staaten sein, die in den Dienst des Drachens gestellt wird, um die Diener Gottes zu unterdrücken. Er erhebt sich aus dem Meer, wie die vier Tiere von Daniel (vii, 1), denn die Reiche entstehen gewöhnlich aus Kriegen und Unruhen, die die Völker aufwühlen. Und ich sah ein anderes Tier aus der Erde steigen ... Apok. XIII, 11. "Aus der Erde: das erste Tier stieg aus dem Meer auf, das heißt aus der Unruhe und dem Aufruhr der Völker; dieses entspringt aus der Erde, einem ruhigeren Element: es wird in einem ruhigen sozialen Zustand geboren, im Herzen der Zivilisation. Ein anderes Tier: alle folgenden Merkmale machen es zum Symbol der falschen Wissenschaft, der Weisheit dieser Welt im Dienste der Gottlosen. Daher wird es im weiteren Verlauf als 'der falsche Prophet' bezeichnet. " Ebd.[125] *Op. cit.*, p. 83.

[126] *Ibid.*, pp. 186, 187.

[127] Die Enzyklika *Divini Redemptoris* prangert den modernen Kommunismus als eine Lehre der falschen Erlösung an: "Siehe die Ausführungen von P. Alphonse-Marie Parent in seiner Studie Autour du racisme, in L'Academie canadienne Saint-Thomas d'Aquin, 11. Sitzung (1941), S. 113, 122-23.

[128] ... non ita quod id quod est necessarium, sit sicut finis; quia id quod necessarium est, ponitur ex parte materiae sed ex parte finis ponitur ratio necessitatis. Non enim dicimus quod necessarium sit esse talem finem, quia materia talis est sed potius e converso, quia finis et forma talis futura est, necesse est materiam talem esse. Et sic necessitas ponitur ad materiam, sed ratio necessitatis ad finem." *In II Physic.*, Lect. 15, n. 4.

[129] Ludwig Feuerbach, *Das Wesen des Christenthums*, Dritte umgearbeitete und vermehrte Auflage, Leipzig, Wigand, 1849. In *Sammtliche Werke*, V. VII.

[130] See especially pp. 372ff.

[131] "Aristoteles sagt bekanntlich ausdrucklich in seiner Politik, dass der Einzelne, weil er für sich selbst nicht sich genüge, sich gerade so zum Staate verhalte, wie der Theil zum Ganzen, dass daher der Staat der Natur nach früher sei als die Familie und das Individuum, denn das Ganze sei nothwendig früher als der Theil.--Die Christen "opferten" wohl auch "das Individuum", d. h. hier den Einzelnen als Theil dem Ganzen, der Gattung, dem Gemeinwesen auf. Der Theil, sagt der heilige Thomas Aquino, einer der groessten christlichen Denker und Theologen, opfert sich selbst aus naturelichem Instinkt zur Erhaltung des Ganzen auf. "Jeder Theil liebt

von Natur mehr das Ganze als sich selbst. Und jedes Einzelne liebt von Natur mehr das Gut seiner Gattung, als sein einzelnes Gut oder Wohl. Jedes Wesen liebt daher auf seine Weise naturgemaess Gott, als das allgemeine Gut, mehr, als sich selbst." (Summae P. I. Qu. 60. Art. V.) Die Christen denken daher in dieser Beziehung wie die Alten. Thomas A preist (de Regim. Princip. 1. III. c. 4.) die Roemer, dass sie ihr Vaterland über alles setzten, seinem Wohl ihr Wohl aufopferten. Aber alle diese Gedanken und Gesinnungen gelten im Christenthum nur auf der Erde, nicht im Himmel, in der Moral, nicht in der Dogmatik, in der Anthropologie, nicht in der Theologie. Als Gegenstand der Theologie ist das Individuum, der Einzelne übernatürliches, unsterbliches, selbst-genügendes, absolutes, göttliches Wesen. Der heidnische Denker Aristoteles erklärt die Freundschaft (Ethik 9. B. 9. K.) für nothwendig zur Glückseligkeit, der christliche Denker Thomas A. aber nicht. "Nicht gehört nothwendig, sagt er, Gesellschaft von Freunden zur Seligkeit, weil der Mensch die ganze Fülle seiner Vollkommenheit in Gott hat." "Wenn daher auch eine Seele allein für sich im Genusse Gottes wäre, so wäre sie doch selig, wenn sie gleich keinen Nächsten hatte, den sie liebte." (Prima Secundae. Qu. 4. 8.) Der Heide weiß sich also auch in der Glückseligkeit als Einzelnen, als Individuum und desswegen als bedürftig eines andern Wesens seines Gleichen, seiner Gattung, der Christ aber bedarf keines andern Ich, weil er als Individuum zugleich nicht Individuum, sondern Gattung, allgemeines Wesen ist, weil er "die ganze Fülle seiner Vollkommenheit in Gott" d. h. in sich selbst hat." *Op. cit.*, p. 212.

[132] In *Ego Sapientia* (Second Part) Ich habe auf der perversen Interpretation bestanden, die man der Lehre von der Macht der Schwachen geben kann. Ich wusste damals nicht, da ich dieses Werk von Feuerbach noch nicht im vollen Wortlaut gelesen hatte, dass die moderne Philosophie dies wirklich in so ausgefeilter Weise getan hatte.

[133] "Sed primus homo peccavit principaliter appetendo similitudinem Dei quantum ad *scientiam boni et mali*, sicut serpens ei suggessit: ut scilicet per virtutem propriae naturae determinaret sibi quid esset bonum et quid malum ad agendum, vel etiam ut per seipsum praecognosceret quid sibi boni vel mali esset futurum. Et secundario peccavit appetendo similitudinem Dei quantum ad propriam potestatem operandi, ut scilicet virtute propriae naturae operaretur ad beatitudinem consequendam: unde Augustinus dicit, *XI Super Gen. ad litt.*, quod *menti mulieris inhaesit amor propriae potestatis. IIa IIae*, q. 163, a. 2, c.

[134] Wohin führte dieses gewaltige Gerüst des Feuerbachschen *Wesens des Christentums*? Zur Verherrlichung der sexuellen Sinnlichkeit, in der sich die Gattung Mensch auf körperlich-konkrete Weise erfüllt. (*Op. cit.*,

ch. 18, pp. 222 *et seq.*) " Religion, so Feuerbach, ist das gefühlsmäßige Verhältnis des Menschen zum Menschen, das ... nun unmittelbar und ohne Vermittler in der Liebe zwischen dir und mir (Wirklichkeit) findet. Und so wird schließlich bei Feuerbach die geschlechtliche Liebe eine der höchsten Formen, wenn nicht die höchste Form der Ausübung seiner neuen Religion." (Engels, Feuerbach, S. 35.) Aber auch der Marxismus führt, trotz des Protestes von Engels, der das alles "ekelhaft" (S. 21) findet, schließlich zu einer analogen Verdammung. Was sind Waren? Materielle Waren. Was sind materielle Güter? "Nahrung, Kleidung, Schuhe, Wohnung, Brennstoff, Produktionsmittel usw." (Stalin, a.a.O., S. 113).

[135] Friedrich Engels, *Ludwig Feuerbach*, in *Etudes philosophiques*, editions sociales internationales, Paris 1935, pp. 10-11.

[136] Dieser Text, den mir Professor A. Viatte vor einigen Jahren bekannt gemacht hat, ist seither oft zitiert worden, aber immer unvollständig. Die Passagen, die ausgelassen werden, sind genau die, die aus meiner Sicht am wichtigsten sind, nämlich die Passagen, die die Philosophie direkt belasten.

[137] Heinrich Heine, *De l'Allemagne* (1834). Paris, Calmann Levy, 1878, V.1, pp. 179-183.

[138] Wir meinen damit nicht, dass nur die Naturen, auch die Naturen im weiten Sinne, Werke der göttlichen Kunst sind. Jedes Werk Gottes, alles, dessen Ursache er ist, ist ein Werk der göttlichen Kunst. *Omnia per ipsum facta sunt: et sine ipso factum est nihil, quod factum est.*

[139] Siee das itat von Marcile Ficin (Endnote 95).

[140] Es ist bemerkenswert, dass Aristoteles in den am weitesten fortgeschrittenen Abhandlungen über die Konkretion die Naturlehre den spekulativen Wissenschaften gegenüberstellt: "Wie dem auch sei, die Art des Beweises und der Notwendigkeit ist in der Naturlehre (physica) eine andere als in den spekulativen Wissenschaften." (I De Part. Animal., Kap. 1, 640a.) Er stellt diese Abhandlung auch den Abhandlungen gegenüber, die "nach der Philosophie" verfasst wurden. (ebd., 642a5). In gewisser Hinsicht werden die Naturlehre, die Kunst und die Klugheit in einer Quasi-Gattung einander gleichgestellt, die der Metaphysik und der Mathematik gegenübersteht, wie der heilige Thomas sagt.

[141] Es ist auch wahr, dass die relative Vorläufigkeit der absoluten Idee Interpretationsschwierigkeiten mit sich bringt, aber es bleibt dabei, dass jede Kategorie unterhalb der ersten und jede Art Transzendenz die Frucht des reinen Werdens, der Bewegung der Vernunft durch den Widerspruch ist. Die Unmöglichkeit, die Beziehung zwischen der ersten Vernunft und der absoluten Idee deutlich zu machen, macht die Unmöglichkeit, mit der Hegel selbst konfrontiert war, hinreichend deutlich.

[142] Hier eine Passage aus dem Buch *Hitler Told Me*, by Hermann Rauschning (Paris, 1939):

" Ich wies ihn darauf hin, dass man auf diese Weise zum Bolschewismus und Kommunismus gelangt, wie in Russland.'

Aber nein, aber nein", antwortete Hitler, "Sie sind das Opfer einer alten Sophistik, mit der man aufräumen muss. Was vom Marxismus übrig bleibt, ist der Wille zum revolutionären Aufbau, der sich nicht mehr auf ideologische Krücken stützen muss und sich selbst ein Instrument der unerbittlichen Macht schmiedet, um sich den Volksmassen und der ganzen Welt aufzudrängen. So entsteht aus einer wissenschaftlich fundierten Teleologie eine echte revolutionäre Bewegung, die mit allen notwendigen Mitteln zur Eroberung der Macht ausgestattet ist.

'Und das Ende dieses revolutionären Willens?'

'Es gibt kein genaues Ende. Nichts, was ein für alle Mal feststeht. Ist das für Sie zu schwer zu verstehen? Ich erwiderte, dass ich in der Tat ein wenig verwirrt war von diesen ungewohnten Vorstellungen.

Wir sind eine Bewegung. Das ist das Wort, das alles sagt. Der Marxismus lehrt, dass ein riesiger Aufstand die Welt plötzlich verändern wird. Das Millennium wird vom Himmel fallen wie das neue Jerusalem. Danach ist die Geschichte der Welt zu Ende. Es gibt keine Entwicklung mehr. Alles, was danach kommt, ist entschieden. Der Hirte weidet seine Herde. Die Welt ist an ihrem Ende. Aber wir wissen, dass es keinen endgültigen Zustand gibt, nichts Dauerhaftes, dass es eine immerwährende Entwicklung gibt. Was aufhört, sich zu verändern, ist tot. Die Gegenwart ist bereits Vergangenheit. Die Zukunft aber ist der unerschöpfliche Fluss der unendlichen Möglichkeiten für eine immer neue Schöpfung. " (p. 212).

Ein Marxist könnte zeigen, dass diese Meinung orthodoxer ist, als man denken könnte. "Der Kommunismus", schreibt Marx, "ist eine wirkliche Phase der Emanzipation und der Renaissance des Menschen, eine notwendige Phase für die folgende historische Entwicklung. Der Kommunismus ist die notwendige Form und das energetische Prinzip der kommenden Zukunft. Aber der Kommunismus als solcher ist nicht das Ende der menschlichen Evolution - er ist eine Form der menschlichen Gesellschaft. (Morceaux Choisis, S. 228).[143] *II Physic.*, c. 5, 197 a 18; Lect. 9, n. 4. Also *III Contra Gentiles*, c. 99: "Ordo enim inditus ..." etc.